Collection **marabout service**

Afin de vous informer de toutes ses publications, **marabout** édite des catalogues régulièrement mis à jour. Vous pouvez les obtenir gracieusement auprès de votre libraire habituel.

Marc AURIVE

Vous êtes médium

MARABOUT

Illustration: **Roch JABERT**

SOMMAIRE

PRÉAMBULE

L'étude éprouvée des fondements de l'occultisme nous a amené à en soumettre au public une synthèse aussi dense et pratique que possible. En tant que témoignage, elle devrait assurer à tout un chacun une première et solide approche du sujet et permettre la réalisation des expériences décrites. Il va de soi que les uns et les autres y parviendront plus ou moins vite, avec plus ou moins de bonheur, selon que leur force mentale est plus ou moins grande. Que ceux qui en seraient moins pourvus soient pourtant assurés d'y trouver précisément le moyen de la développer et d'ainsi surmonter les épreuves de la vie! Rien n'allant nécessairement de soi et toute peine méritant salaire, leurs efforts seront récompensés.

Il faut en effet savoir que le cerveau humain recèle des facultés immenses que, enracinés dans notre quotidien matériel et limités par nos sens, nous ignorons ou n'exploitons qu'en partie. C'est pourquoi, nous espérons qu'en vous référant à nos indications, vous serez à même de les fortifier et d'accomplir ce qui semble échapper à l'ordinaire.

Dans la deuxième partie de l'ouvrage, vous trouverez les prémisses de techniques de protection, plus spécialement curatives dans le cas des couleurs, détectrices, et en cela préventives, dans le cas de la radiesthésie et de la radiesthologie.

Quant aux médiumnités, elles sont envisagées comme l'extériorisation remarquable de potentialités mentales volontairement exercées. Mais comme une attitude spiritualiste en renforce la production à raison de ses fins, c'est délibérément que nous y avons rangé les méthodes thérapeutiques, largement exposées par P.-Cl. Jagot, à propos d'influence à distance, de magnétisme, de suggestion et d'hypnotisme[1]. Cette attitude ne comportant par ailleurs aucun préjugé doctrinal, elle introduit occasionnellement des notions aisément transposables: bons ou mauvais, les "esprits" en appellent aux influences qu'"anges" ou "démons", "positif" ou "négatif", rendraient tout aussi bien.

D'entrée, nous avons choisi un plan spirituel dont les conceptions, inspirées à la plupart des occultistes occidentaux par l'hindouisme moderne, s'inscrivent parfaitement dans le syncrétisme propre à la morale universelle. Le temps de nous resituer quelque peu dans le grand Tout, convenons que s'approprier certains pouvoirs dans le but de nuire contrevient et expose aux exigences de la loi karmique.

[1] Aux éditions Dangles.

LE KARMA

Afin que les diverses médiumnités n'apparaissent pas comme des recettes ou des tours privés de contexte, il convient de les situer dans la finalité cosmique. C'est pourquoi, nous attirons l'attention sur la *loi d'évolution des êtres,* suivant laquelle notre devenir est assuré par le mérite, lequel s'inscrit dans le respect de normes dont la transgression s'effectue à nos propres dépens.

Quatre lois fondamentales et hiérarchisées nous régissent:

1° la loi sociale et les règlements édictés par les hommes;
2° la loi morale;
3° la loi de densité spirituelle;
4° la loi du Karma.

Les deux premières sont d'ordre terrestre, encore qu'inspirées en partie, comme le décalogue de Moïse. Les deux autres, relevant du monde psychique et d'intervention plus tardive, sont des lois de conséquence.

La loi sociale et les règlements édictés par les hommes

Ils constituent les freins nécessaires à nos appétits, à nos désirs, aux abus et aux excès. Les droits limitent nos exigences en délimitant ce qui est permis. Les codifications dont ils font l'objet énoncent en outre les sanctions qui s'appliquent au viol de la légalité. Ils règlent les rapports sociaux et organisent le fonctionnement de l'État. Poursuivant le maintien d'un ordre, ils ont un effet restrictif et non stimulateur.

La loi morale

Non seulement elle fait défense et annonce la punition, mais elle approuve, encourage et récompense. La sanction n'est donc pas son critère exclusif. D'autre part, elle ne formule pas expressément ses prescriptions, variables selon le milieu d'où elle émane. Outrepasser ses interdits et ses recommandations entraîne la réprobation des proches ou de l'opinion. S'y conformer emporte, au contraire, l'approbation et la considération.

La loi morale en appelant à la bonne volonté, la dissimulation pourra assurer l'impunité. Or, seule une loi puissante et en tout certaine peut satisfaire le besoin d'absolu. C'est pourquoi, la parfaite équité exige que les lois terrestres soient en quelque sorte coiffées par des dispositifs supérieurs auxquels rien n'échappe et qui corrigent les iniquités et les erreurs d'une justice insatisfaisante. Ces dispositifs sont la loi de densité spirituelle d'abord, celle du Karma ensuite.

La loi de densité spirituelle

Les milieux spiritualistes et les religions orientales considèrent que la vie se poursuit outre-tombe, avec des retours terrestres périodiques. La doctrine de la *réincarnation* est actuellement la plus universellement admise parce que non sectaire, juste, intelligible et révélatrice.

Après notre "mort", nous subissons, selon notre évolution, c'est-à-dire selon l'état de notre corps psychique, la loi de densité spirituelle. Autrement dit, notre place dans le plan cosmique dépendra de notre degré d'avancement spirituel. Quand l'âme se désincarne, que le corps physique meurt, elle le quitte pour un monde où toute dissimulation est absente et où son poids correspond vraiment à ses acquis.

On pourrait expliquer le mode de classification des âmes dans les différentes régions astrales en extrapolant le principe d'Archimède: "Tout corps psychique plongé dans l'au-delà subit une poussée ascendante (centrifuge) proportionnelle à ses vertus et une attraction terrestre (descendante ou centripète) en rapport avec sa matérialité, avec ses vices". L'addition de ces deux forces opposées y détermine son lieu de destination, encore qu'interviennent aussi des facteurs qui le corrigent, comme les actes d'une vie antérieure, les aspirations, la loi du Karma. La durée du séjour dépend de ce qu'on a été, de même que la poursuite ascensionnelle ou la stagnation, l'une prodiguant l'irradiation des zones illuminées, l'autre engendrant l'angoisse débilitante de l'obscurité propre aux couches inférieures.

Cet automatisme ne joue pas de manière absolue, à l'égal d'une balance effectuant une pesée, puisqu'intervient encore un facteur intelligent qui aggrave ou atténue, punit ou récompense, maintient ou dirige. La loi de densité spirituelle comporte en effet une certaine élasticité supprimant toute raideur. Parce que droit rigoureux signifie aussi suprême injustice, une possibilité de rachat est accordée à qui se repent, à qui a défailli dans un moment de désarroi.

On peut dire que la loi de densité spirituelle prélude au Karma: elle est le Karma après la mort corporelle, celui qui agit avant la réincarnation. Et c'est le degré d'interpénétration entre la matière et le psychique qui constitue la densité spirituelle du défunt.

Pour illustrer les différentes situations que le corps psychique est susceptible d'occuper dans le plan spirituel, représentons-le par une bulle qui, vide, flotte à la surface du liquide ainsi que notre âme épurée au plus haut de l'éther. Mais, selon que cette bulle sera plus ou moins chargée de ce liquide représentant la matière, elle plongera à un niveau plus ou moins bas. Il en va de même de l'âme qui occupe des plans toujours plus inférieurs suivant qu'elle est davantage pénétrée par la matière.

Ainsi donc, quand le corps psychique est libéré du corps physique, il se retrouve parmi d'autres ayant la même densité spirituelle. Il peut se complaire dans des pensées analogues à celles qu'il avait sur terre. Il recherche alors, dans ses anciens lieux de prédilection, les mêmes sensations. Continuant d'accumuler des particules matérielles ou conservant les anciennes, il stagnera jusqu'à sa prochaine réincarnation. Il peut, au contraire, s'amender à la faveur du repentir et chercher une issue. Alors, délesté petit à petit de la matière, sa densité spirituelle augmentée d'autant l'entraînera vers des plans supérieurs auxquels les spiritualistes, initiés à l'enseignement des connaissances de la survie, ont accédé plus vite.

On voit que, si une volonté de rachat existe, rien n'est jamais définitif ni ici ni là-bas, encore que "le temps perdu ne se rattrape pas". Car, qui a souvent failli sur terre, même en pensée, qui a préféré les jouissances immédiates de la matière à la recherche spirituelle, se ménage d'autant les épreuves à venir.

Certains esprits mettent ainsi longtemps à se reconnaître dans l'au-delà où ils errent sourds et aveugles en des lieux obscurs.

La faible lueur qui émane d'eux-mêmes y est l'unique clarté; l'écoulement des jours et la succession des lumières solaire et de lune qui jalonnaient le temps ne sont plus, ni les pendules pour marquer l'ennui et la longue désespérance. A moins qu'une autre pensée ne les illumine, ils restent en quête de leurs anciennes préoccupations jusqu'au moment où ils reviendront sur terre où, naissant dans un nouveau corps, réincarnés, ils affronteront la loi suivante.

La loi du Karma

On nomme Karma l'ensemble des circonstances entourant un être humain lors de sa réincarnation et qui décident de son *destin*. Celui-ci n'est ni hasardeux ni aveugle puisque déterminé par la vie passée dont les aspects positifs et négatifs font l'objet d'une somme algébrique qui les annule ou dégage plus ou moins de bien ou de mal. Nous sommes astreints, dès lors, à corriger nos erreurs, même involontaires, et à accorder le bénéfice de nos acquis non seulement à notre entourage, mais aussi à quiconque est susceptible de devenir un proche dans une réincarnation suivante.

Chacune de nos actions, heureuse ou malheureuse, comportera des résultats analogues à ceux par lesquels nous sommes présentement déterminés: le bien, le mal et l'indifférence se répondront chacun. Il ne s'agit pas de l'application d'une espèce de loi du talion ("œil pour œil, dent pour dent"), mais de la mise en œuvre d'un retour juste et précis qui explique pourquoi certains semblent comblés de bonheur, d'autres accablés de malheur. A ce sujet, nous parlons volontiers de chance et de malchance partialement dispensées par Dieu.

Nous disions "semblent" parce que nos constats sont souvent illusoires. Nul ne pouvant être déclaré heureux avant sa mort physique, celui que nous croyons tel connaîtra peut-être une fin plus difficile que la nôtre. S'en réjouir constituerait une pensée négative. Efforçons-nous plutôt de valoriser nos épreuves en les endurant avec patience et espoir.

Des palliatifs, dont la connaissance relève de l'étude des mystères, corrigent ce schéma du destin, trop lapidaire. De plus, si notre devenir était tracé de manière indélébile, c'en serait fait du libre arbitre que d'aucuns limitent cependant à notre liberté de penser. Selon eux, parce que nous posséderions, comme la terre elle-même, des lignes d'univers immuables, nos pensées seules généreraient une ligne d'univers nouvelle pour notre prochaine existence. Pourquoi, dès lors, s'occuper d'autrui, noter un élève, soigner un malade, sauver d'un accident? A quoi bon, puisque tout serait écrit? "Mektoub", disent les Arabes pour exprimer leur fatalisme. Fort heureusement, nous disposons constamment de notre libre arbitre, de notre volonté jouant sur des lignes de force, à l'intérieur d'un cadre voulu par le Karma. C'est pourquoi notre *liberté* n'est que *relative*.

Mais, ici aussi, il convient de nuancer en ne réduisant pas l'homme à un modèle unique soumis à des lois intangibles, car on peut affirmer que nous différons tous les uns des autres. En tout cas, les modes de pensée sont notamment influencés par les types d'alimentation. Voici comment.

Les hormones qui interviennent dans les mécanismes de régulation chimique des fonctions organiques, y transportent, loin de leurs organes sécréteurs - les glandes endocrines -, des messages aux effets excitateurs ou inhibiteurs. Or, les cellules, celles du cerveau en particulier, réagissent à des quantités infinitésimales. Quand on sait combien l'alimentation des peuples peut varier en nature et en quantité, on comprend que la composition des cellules corporelles en soit altérée, quand bien même la chair et les os restent identiques dans leur ensemble. D'autre part, les hormones enregistreuses ne peuvent qu'accentuer ces variantes par des effets appropriés. Et puisque la pensée est véhiculée par le cerveau, elle sera diversement produite et perçue en raison des différences, dans le temps et dans l'espace, de structures dites mentales mais d'essence biologique, dont le Karma tiendra compte. Le suicide, par exemple, que l'Orient considère encore comme la sublime manifestation de l'héroïsme, comme un devoir même, mais que la morale occidentale réprouve, sera-t-il jugé de la même manière selon qu'il est pratiqué ici ou là? Il en va de même pour nos actes en regard des lois et des notions approximatives de justice, variables selon les lieux et les époques, et jusqu'aux circonstances dans lesquelles ils ont été commis. Tuer un homme est ordinairement un crime; en temps de guerre, c'est plus qu'une recommandation...

On mesure la plasticité du principe karmique dans son dessein d'obtenir la réparation du préjudice causé et d'accorder en retour les bienfaits prodigués. C'est pourquoi, nous en distinguerons trois éléments principaux.

1° le Karma collectif

Une communauté ethnique, régionale, nationale ou même internationale, a en propre une civilisation, des mœurs, un droit et des biens matériels. Sa richesse et sa pauvreté influent sur la condition de tous ses membres qui, par leur travail et leurs attitudes, notamment électorales, participent à son comportement et sont liés à son Karma.

2° le Karma familial

L'affection unit généralement les proches parents que seule une cause grave sépare. L'union du père et de la mère, investis d'une certaine autorité, se répercute sur la vie des enfants. Les désaccords et les querelles n'affectent pas la cohésion du foyer qui se renforce lorsque ses intérêts vitaux sont menacés. Tous participent alors à une décision qui doit sauvegarder l'intérêt commun, quelles qu'en soient souvent les conséquences pour autrui. Leur coresponsabilité peut déterminer un sort à assumer en commun jusque dans une prochaine réincarnation, à l'occasion de laquelle la même famille sera éventuellement reconstituée.

3º le Karma individuel

Puisque tous ont à répondre de leurs antécédents, la première mesure consiste dans l'effet automatique de la loi de densité spirituelle, laquelle, instruisant le passé, fixe à chacun son Karma proprement dit, à savoir les conditions dans lesquelles s'effectuera sa réincarnation.

Nos actions bénéfiques sont portées à notre crédit qu'amenuisent et ruinent nos méfaits. Elles nous en revaudront de semblables, alors que les derniers ne seront absous que par leur opposé: un crime par un long dévouement ou un sauvetage dangereux, une haine par une solide amitié, des sévices par des soins attentifs; à moins que, refusant les leçons du destin, nous ne nous dérobions à nos devoirs et endurions, à notre tour, ce que nous avons fait subir.

Enfin, si le Karma en appelle aux actes, les pensées ne sont pas plus neutres à son égard. Souvent abusés par les apparences et peu conscients de nous-mêmes, défions-nous de juger les autres comme de préjuger des décisions de l'Absolu.

PREMIÈRE PARTIE

LES MÉDIUMNITÉS

CHAPITRE I

LA RELAXATION PAR LA MÉDITATION

La relaxation est le préalable nécessaire à toutes nos expériences ou investigations paranormales à l'occasion desquelles notre nature intime va se révéler. Or, la méditation nous semble la méthode de relaxation la plus favorable parce que la plus spirituelle.

La détente musculaire commune à toutes nos démarches s'accompagne ici et d'abord de la prière, entendue non comme une récitation ni même une incantation, mais comme un dialogue intime et spontané qui nous porte vers Dieu, un élan spirituel vers la pleine sérénité dispensatrice des forces rayonnantes d'amour et de paix.

Prenons soin, toutefois, de rechercher le bien puisque la nature des esprits manifestés dépend de la nôtre et de notre état d'âme. N'en dit-on pas autant de l'ambiance que nous créons?

Commençons donc par laisser envahir tout notre être d'une paix que nous étendrons à autrui, au monde, jusqu'à ce que, s'alimentant de sa diffusion, elle nous submerge et revienne à sa source, nous.

La méditation, lente et silencieuse, s'accompagnera d'une musique douce et reposante, à peine audible. On peut aussi choisir de brûler de l'encens. Allumons une bougie dont nous regarderons la flamme fixement et calmement, sans effort ni anxiété. En cas d'irritation des yeux, il suffit de clore un instant les paupières.

Continuant à méditer sur l'envahissante paix, nous nous représentons alors une graine de notre fleur préférée, l'enfouissons dans une terre protectrice et nourricière dont nous captons la douce et rassurante chaleur. Nous sentons la graine se gorger d'énergie, nous la voyons germer lentement, se développer en racines patiemment étendues et en une tige qui pousse vers la surface du sol, solide et décidée à vivre de toutes ses forces. Sa transformation illustre la lente et irrésistible accession à la lumière.

Dans sa première phase, la méditation incite à l'élévation spirituelle; à notre participation aux forces de la création, dans sa seconde phase.

On peut concevoir une méditation qui nous imprègne de *sensations naturelles.* Assis, les muscles détendus, les paupières closes et les mains sur les genoux, paumes tournées vers le haut, nous imaginons une promenade pendant laquelle nous percevons très distinctement le vert changeant d'un bois traversé, çà et là, par les rais d'or du soleil. De douces et fraîches bouffées agitent les fougères d'un vert bouteille. Les grands arbres, dans la clairière, frémissent à la cime. Soudain, une éblouissante lumière: c'est la sortie. Alors qu'au loin de bruns labours fument sous un ciel bleu parsemé de nuages blancs, que plus loin encore, le sang des coquelicots macule le jaune d'un immense champ de blé, alentour de nos pieds, le blanc des pâquerettes mouchète le vert tendre de l'herbe. Assis au pied d'un vieux chêne, une main abandonnée sur sa rude écorce, nous nous laissons bercer par le chant des oiseaux et la tiédeur du vent. Nous reprenons notre chemin en contrebas duquel un ruisseau bondit sur la roche grise avant de dérouler son cours calme et limpide pardessus un lit sablonneux. On s'y rafraîchit un instant le visage et on s'en désaltère... Tour à tour, les éléments naturels se disputent notre bonheur de nous y confondre.

Parmi les nombreuses méthodes de relaxation, relevons celle qui, présentant l'avantage de stimuler la vitalité organique en même temps que de préparer la concentration psychique, consiste à nous faire percevoir mentalement l'existence d'abord, l'activité ensuite, de chacun de nos membres et de nos organes envisagés séparément, à partir de la pointe des pieds. Assis dans les mêmes conditions que précédemment, nous ressentons pleinement leur irrigation et leur innervation.

CHAPITRE II

LE PHÉNOMÈNE DE LA TABLE PARLANTE

Le phénomène de la table parlante, connu depuis plusieurs centaines d'années déjà, n'était jadis qu'un objet de divertissement pour la bourgeoisie qui en meublait ses soirées.

La doctrine spirite, élaborée au cours du siècle dernier, lui a donné son sens spirituel et, tout en dégageant sa signification, a démontré la possibilité d'entrer en contact avec l'au-delà. Les coups frappés sur la table révèlent la présence des esprits.

Les conditions requises pour obtenir une bonne séance

La séance de table, qui se situera idéalement entre dix-neuf et vingt et une heures, doit se tenir dans un endroit calme.

Pour obtenir une bonne communication, il faut réunir quatre à six personnes dont le degré de spiritualité soit le plus élevé possible. Car, rappelons-le, la nature des esprits manifestés est fonction de la nôtre. Bons et mauvais esprits nous influencent chacun selon ce que nous sommes. Ainsi, par exemple, si quatre assassins et un voleur “font une table”, seul viendra un mauvais esprit susceptible de nuire énormément.

C’est pourquoi il est nécessaire, lors d’une séance, d’invoquer la protection de Dieu et l’assistance des esprits purs, à l’exclusion des autres peuplant l’au-delà, des “esprits errants” surtout qui, parce qu’ils n’acceptent pas la mort, continuent à voyager entre la terre et le repos. Reproduisant les mêmes qualités et les mêmes défauts que ceux qu’ils avaient sur terre, ils ne peuvent nous venir en aide puisque leurs avis restent subjectifs et non nécessairement adéquats.

La table doit être si possible ronde, à défaut de quoi il peut être fait usage d’une table de cuisine qui ne soit pas trop lourde et autour de laquelle peuvent s’installer quatre ou cinq personnes. Les mains sont mises bien à plat sur la surface. Après la prière à Dieu et la demande de protection, un assistant est choisi dans le groupe pour diriger la séance. Lui seul posera les questions à la table pendant que quelqu’un d’autre, placé en retrait, prendra note des communications à l’aide d’une feuille de papier et d’un crayon.

La manifestation de l’esprit

Personne ne parle, le silence est de rigueur. Les participants doivent se détendre sans toutefois s’assoupir.

Après quelques minutes de cet état, le préposé va demander à la table s’il y a un esprit et si oui, qu’il veuille bien se manifester par des coups frappés: un coup signifie “oui, deux “non”.

Si un maximum de vingt minutes se sont écoulées sans avoir obtenu de réponse, il est vain de persévérer ce jour-là.

Quand la table se met à bouger en levant un de ses pieds, commencez par lui demander un prénom. La formulation des réponses consistant en coups répétés, un seul coup signifie “A”, deux “B”, trois “C”, quatre “D”, et ainsi de suite jusque “Z”.

Il va de soi que le préposé à l’enregistrement des messages doit connaître l’alphabet afin de transcrire la dictée de la table et de convertir les coups en lettres. Après quoi on pourra reconstituer l’ensemble et formuler, selon ce qu’on aura sollicité, soit un nom, soit un prénom, soit une ou plusieurs phrases.

Efforcez-vous toujours de demander des renseignements intéressants et suffisamment précis, comme le fait de savoir si l’esprit est parent avec un des participants. La même procédure d’identification suivra chaque coup affirmatif.

Si vous constatez que l’esprit qui mène la séance s’y refuse, vous pouvez vous contenter d’en obtenir des manifestations d’ordre physique comme de lever la table sur deux, voire un pied, de rythmer une musique, etc.

En répétant fréquemment ces séances avec les mêmes personnes, le même jour et à la même heure, il est possible d’obtenir des phénomènes physiques remarquables. Nous avons été témoin d’une manifestation tout à fait impressionnante: une table en chêne massif, autour de laquelle étaient rassemblées huit personnes, s’est élevée sur toute sa longueur de quatre mètres pour se remettre ensuite sur ses pieds.

Autre manière de procéder

La séance de table peut être pratiquée autrement que par la demande de coups frappés. La méthode, certes plus commode et plus rapide, est nettement moins spectaculaire.

Sur le pourtour d'une table, on colle les lettres dans l'ordre alphabétique et les chiffres en ordre de croissance, la lettre "O" pouvant aussi servir au zéro. Sont écrits ensuite: "OUI" et "NON". On pose au milieu de la table un verre renversé sur lequel deux ou trois personnes apposeront un ou deux doigts afin d'en vérifier le glissement et la stabilité.

Selon le type de questions, il sera répondu par le glissement du verre, tantôt vers le "oui" ou le "non", tantôt vers les lettres ou les chiffres constitutifs des mots et des nombres.

Quoi qu'il en soit de la manière de procéder, la déférence et le sérieux des participants à l'égard

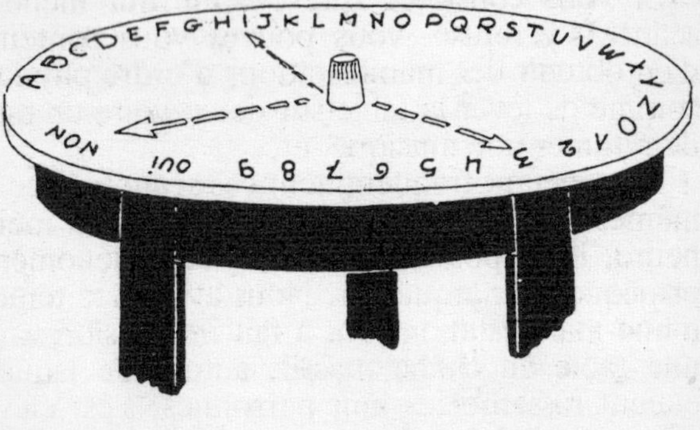

des esprits sont importants. Aussi faut-il toujours vouvoyer l'Esprit qui est à la table et ne le tutoyer que s'il vous en a expressément donné l'autorisation.

Enfin, un renseignement ne doit jamais être pris à la lettre mais considéré comme aléatoire, car on n'a jamais la certitude de son évolution.

Interprétation du phénomène et perspective

Nombre de scientifiques attachés au terre-à-terre, à ce qui est exclusivement mesurable par nos sens, expliquent ce phénomène par l'autosuggestion, l'autohypnose ou l'hallucination née notamment du choc émotionnel que constitue la perte d'un être cher. Perpétuant le faux débat entre la science et "l'irrationnel", ils condamnent la recherche spirituelle.

Nous pensons, au contraire, que celle-ci favorise la rencontre d'autres phénomènes explicatifs de notre condition inscrite dans l'univers.

A l'occasion de séances de table, nous avons été mis en présence, par exemple, du phénomène de l'incorporation. C'est ainsi qu'un beau soir de rencontre, un jeune médium, totalement ignorant de la musique, alla s'installer au piano et joua merveilleusement Mozart à l'égal de ce génie: un pianiste de très grand talent, qui se trouvait exceptionnellement là, avait accompli cette remarquable prestation par l'intermédiaire physique de notre ami, en l'incorporant.

CHAPITRE III

L'INCORPORATION

L'incorporation produit une sorte de coma au cours duquel le sujet perd le contrôle de son corps, subissant une influence, ou bénéfique ou malfaisante, suivant la qualité de l'esprit qui le gouverne.

Dans presque tous les cas d'incorporation reconnus, les êtres incorporés se retrouvent libérés de l'esprit incarné après un moment plus ou moins court. Ils redeviennent généralement tels qu'ils étaient avant l'expérience, cependant que certains ne recouvrent pas leur intégrité, endurant des séquelles: folie, pertes de mémoire, sensations de douleur ou de malaise. L'urgence de se faire libérer, de se faire dégager, s'impose dès lors, sous peine de connaître de graves problèmes de santé.

Cette pratique médiumnique est particulièrement difficile, et au demeurant fort dangereuse, puisqu'à même de compromettre l'existence de toute personne non avertie. C'est assez dire l'extrême prudence qu'il faut lui réserver.

Une petite histoire authentique

Un soir de novembre 1983, nous étions seize à nous réunir comme d'habitude le même jour de la semaine. Nous nous sommes tous mis en place autour de la table installée au centre de la pièce et dont le chêne massif et les dimensions (2m x 1,50m) permettent d'apprécier le poids…

Après plusieurs minutes d'un silence absolu, le bois se mit à craquer, la table à bouger de telle sorte que nous pensions tout naturellement assister à une séance de table. Erreur! Il s'agissait d'une incorporation. Le médium, comme nous tous attablé, s'était laissé incorporer par surprise. S'en étant rendu compte trop tard et ne pouvant se ressaisir, il s'abandonna au point de dormir de plus en plus profondément quand, soudain, il se leva et regarda l'assemblée en souriant. Puis, il se mit à parler, nous demandant de l'accompagner au premier étage de l'immeuble, ce que nous avons fait. Là, il se dirigea vers le piano-bar dressé contre le mur, s'y installa et commença à frapper quelques notes, à faire des gammes. Il se mit tout à coup à jouer Beethoven, Mozart, Strauss, Tchaïkovski, de plus en plus vite et de mieux en mieux. Cela dura plus de vingt minutes, pendant lesquelles nous ne nous lassions pas de l'entendre, ravis que nous étions de la beauté des harmonies.

Le médium se leva et, sans se tromper d'une seule marche, remonta au deuxième étage. Pas à pas, il regagna sa place à la table et nous dit: “Je vous ai prouvé que l'au-delà existe vraiment. C'est à vous maintenant de prouver aux autres vivants qu'il existe pour eux également.”

Après deux heures de communication avec

l'au-delà, il était revenu à lui sans se souvenir de ce qui s'était passé, nous déclarant qu'il avait dormi d'un sommeil profond et réparateur.

Nous affirmons bien entendu sa totale ignorance de la technique musicale et instrumentale.

Le kiosque à musique de Metz

Nous étions cinq amis qui, un soir, avions décidé de pratiquer une séance de parfaite relaxation. Ayant adopté la pose indienne, assis, les mains sur les genoux, paumes tournées vers le haut, nous nous efforcions de faire le vide dans notre esprit quand l'un de nous tomba brutalement en arrière. Nous nous sommes aussitôt ressaisis, excepté lui, victime d'une incorporation. En vain avons-nous tout tenté pour qu'il reprenne connaissance. Il était exclu de faire appel à un médecin dans une circonstance aussi insolite.

L'un de nous s'étant soudain souvenu de l'adresse d'un médium, il lui téléphona pour lui expliquer le cas et solliciter son aide.

Nous faisions cercle autour de notre ami pendant que le médium lui posait toutes sortes de questions auxquelles l'esprit possesseur répondit d'abord par “oui”, puis par “non”. Ensuite, plus concrètement, il dit s'appeler Jean S., être né à Metz, en 1882, et avoir été musicien de fanfare. Il jouait de la trompette et avait participé, devant plus de deux cents personnes, à un concert donné sur le kiosque à musique de la ville. Son costume de foire lui seyait fort bien.

Mort en 1903 sans un sous vaillant en poche, il n'avait pas fait de malheureux, n'ayant personne pour le pleurer.

Ce fut tout. L'esprit s'en était allé comme il était venu, sans prévenir.

Tous, nous étions satisfaits de ce qui venait de se produire, sauf notre infortuné compagnon qui en était quitte pour une bonne et belle bosse au crâne, dont il allait se souvenir longtemps.

Elle volait par-dessus les montagnes...

Comme chaque jeudi, nous étions réunis pour la séance de psychométrie. Après que les médiums se fussent présentés, chacun prit la photo d'une personne décédée et se concentra sur elle. Comme d'habitude, certains captèrent des images, d'autres pas.

Seule dans son coin se trouvait une petite dame qui n'avait jamais rien à en dire bien qu'elle assistait aux séances depuis plusieurs mois déjà. Soudain, elle se mit à trembler, puis à frapper des poings sur la table, à crier, à heurter la tête contre le bord.

Elle était victime d'une incorporation brutale: l'esprit qui avait pris possession de son corps s'exprimait vivement, provoquant des réactions d'agitation et d'agressivité d'autant plus vives que le phénomène lui était inconnu jusqu'alors. Cela dura de quinze à vingt minutes sans que l'esprit se manifeste autrement. Il avait encore fallu une bonne dizaine de minutes à trois médiums expérimentés pour la "dégager".

A notre empressement de connaître ses impressions, ses émotions, elle répondit d'une voix cassée qui dénotait l'angoisse: "J'ai cru m'envoler, pareille à un oiseau, dans l'immensité du ciel, j'ai survolé, tel un aigle, des montagnes, traversé des continents entiers à une vitesse vertigineuse. J'ai bien cru que mon cœur allait éclater. Pourtant, je suis toujours là et, croyez-moi, j'en reste stupéfaite."

Le vétérinaire: récit

Un jour d'été fort chaud, j'étais dans ma chaise longue, au milieu du jardin. Mon chien "Jack" était couché à mes pieds. Malgré la fraîcheur prodiguée par le gros chêne qui m'ombrageait, je me mis soudain à transpirer au point d'être en nage. La tête me faisait mal, j'avais le tournis. Je m'abandonnai d'un seul coup dans une sorte de demi-coma, ressenti comme une semi-incorporation. Conscient de ce qui m'arrivait mais impuissant à réagir, je ne pouvais compter sur l'aide de personne, étant seul.

L'esprit entré en possession de mes facultés me parla de l'intérieur de moi-même, à mon propre esprit donc: "Je suis vétérinaire. J'ai exercé ce métier ma vie durant. J'adore les animaux, les chiens surtout. Je suis pourtant mort, ayant été mordu par un chien à qui un renard contaminé avait transmis la rage. J'en suis mort parce que, en 1814, malheureusement, le vaccin antirabique n'avait pas encore été découvert. Je te laisse maintenant à tes occupations. Encore un conseil: soigne bien ton chien!"

L'esprit ayant disparu, je revins à moi tout effrayé. Mes amis ne crurent pas un mot de mon récit. J'étais sûr, pour ma part, de ne pas avoir rêvé.

CHAPITRE IV

FORCE DE PENSÉE ET TÉLÉPATHIE

Du commun des mortels au chercheur le plus réputé, tout le monde crée. Nous créons grâce au travail de nos mains, de notre pensée surtout, dont les manifestations résident dans la parole et l'écriture.

Consciemment ou non, nous créons, du fait même de l'extériorisation de notre pensée qui engendre une émotion, et cette émotion aura, dans un rapport interindividuel, un pouvoir apaisant ou stimulant.

S'il est vrai que l'esprit, même libéré, ne peut empêcher le destin de s'accomplir, il n'en est pas moins capable de l'influencer par la pensée créatrice et volontairement orientée dans un sens bien précis. La pensée créatrice s'oppose à la rêverie, qui est passive, en ce qu'elle constitue la faculté d'imagination *désirée* qui véhicule la force ou l'énergie tendue vers le but. L'imagination désirée émergeant souvent de notre inconscient, elle sera soumise à un ordonnancement logique.

La pensée organisée procède d'une sorte d'évaluation de la nature et de la densité des éléments en présence. Sa mise en œuvre requiert la volonté et la continuité dans l'effort. Ainsi, pour les sensations d'ordre physique, au lieu de percevoir vaguement la réalité plongée dans une brume continuelle, l'esprit doit-il discerner et maintenir des images, des formes, des odeurs, des saveurs et des sons précis. C'est pourquoi l'intense et persévérante fixation sur une seule onde psychique permettra à notre esprit de se fortifier. C'est pourquoi encore, il est recommandé de ne pas user notre énergie avec des sentiments futiles comme l'animosité et la jalousie. A l'inverse, apprendre à les dominer augmente notre flux vital.

Comment parvenir au pouvoir PSI?

Une profonde prise de conscience de nos facultés nous le révélera dans un premier temps. Ainsi, le souvenir d'événements de notre vie, de l'existence d'un proche, parent ou ami, nous fera comprendre combien les sentiments qu'ils nous valurent ont déterminé telle situation vécue, au point que nous convenons: "De fait, j'y ai tellement pensé, je l'ai tellement désiré, que cela s'est réalisé."

Une seconde révélation nous est apportée par la *spiritualité* sur laquelle se basera notre mode de pensée; laquelle spiritualité nous invite à développer continuellement des relations positives entre la matière dont nous sommes constitués et l'esprit qui nous anime.

Assurons-nous de ce pouvoir PSI en protégeant nos acquis mentaux et en nous inspirant des esprits illuminés. Chacun dispose suffisamment de cette force intrinsèque pour obtenir des phénomènes décisifs pour son existence.

Règles propices à la mémorisation

On peut, dans le calme et la détente, prendre plaisir à observer les successions d'images qui jaillissent et voguent sans cesse dans notre espace mental. Sans donner lieu à des lois, l'observation du cheminement de la pensée dégage quelques règles fondamentales de fixation des images et des sensations qu'elles ont entraînées.

1) En la matière, l'apprentissage individuel, seul, donne des résultats.

2) Le développement de l'attention éduque nos sens, nous les fait redécouvrir et nous en réapprend l'usage particulier par des exercices quotidiens.

Analysons nos faits et gestes, notre manière de regarder, écouter, sentir, toucher, goûter. Ensuite, apprenons à appréhender notre environnement en observant tous les détails avec patience et séparément, les couleurs, puis les formes, etc. Jusqu'à présent, notre cerveau fonctionnait automatiquement, sans plus analyser comme à ses premières rencontres, abandonnant au subconscient l'organisation de nos actes et de nos pensées. Au contraire, l'entraînement progressif du conscient que la concentration met en alerte, va raviver notre curiosité et réveiller nos facultés.

Dès que nous serons parvenus à capter une image pour quelque temps, nous nous efforcerons de la maintenir dans toute la netteté de sa précision, devant un tableau noir imaginaire. Des images objectives et à trois dimensions seront désormais gardées en mémoire, sans difficulté et dans le moindre détail. Nous serons capables de les effacer et de les restituer intégralement et à volonté.

Deux tests de la force de pensée

1) Enfoncez, dans un petit pot de terre, une aiguille à tricoter assez fine, dont la tête est tournée vers le bas et sur la pointe de laquelle vous déposez un cône en papier confectionné par vous et marqué d'un repère.

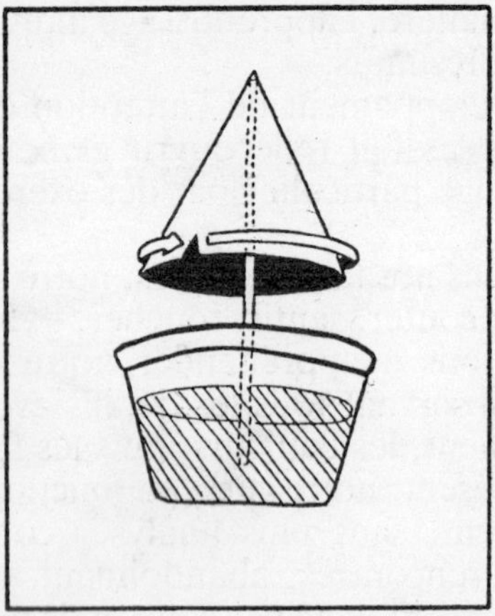

Placez le tout sur une table autour de laquelle le groupe va s'installer. Demandez le silence et diminuez l'éclairage de la pièce de façon à ce que les yeux ne soient pas incommodés. Fixez votre attention sur le cône avec volonté et insistance, sans empressement, pendant que vous vous décontractez au maximum en adoptant notamment la position assise la plus confortable.

Simultanément, chacun de ceux qui regardent le cône se répète sans cesse: "Je veux que tu te mettes à tourner sur la pointe de l'aiguille et dans le sens convenu."

On constatera alors, grâce au repère, que le cône se met à tourner.

Ceux qui ont éprouvé des picotements dans les yeux auront peut-être fermé les paupières; la vision du cône aura toutefois été maintenue dans l'esprit.

Si, après une demi-heure, la tentative est restée vaine, vous l'arrêtez et la renouvellerez une autre fois, et ce, jusqu'à ce que le phénomène se produise.

2) Une deuxième expérience, parce qu'elle exige une bonne connaissance du sujet expérimenté, se fera, la première fois du moins, avec une amie ou un ami de confiance qui s'installera à table, en face de vous.

Vous annoncez que vous allez lui ordonner d'accomplir une chose fort simple que vous inscrivez sur un morceau de papier, sans dire de quoi il s'agit: se gratter le nez, se frotter le dessus de la tête avec la main, par exemple. Vous retournez le papier sur la table et posez la main droite dessus. Aussitôt, vous demandez au sujet de se relaxer au maximum en respirant calmement et profondément. Ainsi détendu, il va penser malgré lui que

Avertissement
Certaines personnes s'estiment capables d'influencer instantanément à distance, sans efforts préalables. Or, y arrivent seuls ceux qui, conscients de la difficulté de l'entreprise, l'abordent avec méthode et s'y investissent peu à peu mais résolument.

vous ne pouvez rien lui imposer. Veillez également à votre propre relaxation pendant laquelle vous vous représentez l'autre accomplissant le mouvement voulu. Exigez-le intensément pendant cinq minutes environ, sans douter un instant de la réussite. La fixité de votre regard mettra mal à l'aise votre vis-à-vis qui se prendra au jeu.

Si, passé le délai, l'action ne s'est pas réalisée, vous lui dites, d'un ton déçu: "Tu as gagné. Je ne suis pas arrivé à te faire agir à ma guise." A cet instant, vous constaterez, à votre plus grande surprise, qu'il exécute précisément ce que vous attendiez de lui. C'est que son esprit, soudain libéré de toute contrainte, ne s'en tient plus à un refus instinctif que la personnalité exprime au plus fort. Il ne s'oppose plus désormais à la pénétration de votre fluide, de votre onde PSI que dégage la pensée chargée de magnétisme et volontairement tendue vers un objectif défini.

Quelques expériences de télépathie proprement dite

1) Comment influencer une personne à distance, dans un cinéma ou un bistrot, par exemple?

Vous vous installez confortablement derrière elle, ni trop près, ni trop loin, à une distance de plus ou moins trois mètres. Vous portez votre regard ainsi que votre pensée sur sa nuque et vous répétez intérieurement: "Tu te retournes, je le veux!" Si, après quelques minutes, vous n'avez pas obtenu de résultat mais remarquez que le sujet est agité, vous affirmez catégoriquement votre volonté en pensant: "Maintenant, retourne-toi, je le veux!"

Il convient de s'exercer plusieurs fois et sur des

personnes différentes avant d'obtenir un résultat, au demeurant très souvent immédiat.

2) Vous êtes à votre domicile, confortablement assis dans un fauteuil, au calme et sans dérangement. Vous vous relaxez et pensez intensément à un ami intime à qui **vous téléphonez en imagination** et ordonnez de se rendre chez vous, dans l'heure. A cette fin, vous vous le représentez qui s'exécute ou téléphone lui-même. Vous prolongez la tentative pendant vingt minutes maximum.

Renouvelez-la à d'autres moments, autant de fois que nécessaire: l'exercice de l'esprit au travail télépathique emporte à coup sûr le succès, que ce soit en amour, en amitié, au travail, en affaires ou pour le plaisir de l'enrichissement spirituel.

3) Expérience directe à l'aide des cartes de Zener

Elles constituent un jeu de vingt-cinq cartes dont cinq reproduisent un rond, cinq autres une étoile, cinq une croix, cinq un carré et cinq un ondulé.

Ce jeu, qu'on trouve dans le commerce et plus particulièrement dans les librairies ésotériques, peut très bien être fabriqué par vous-même.

Vous vous installez à table tandis que votre partenaire se place de telle façon qu'il ne puisse pas reconnaître les figures des cartes qui, après avoir été battues, sont étalées face contre planche. La personne attablée qui retourne les cartes une à une est *l'émetteur,* celle qui reçoit le message *le percipient.*

Après les cinq minutes de calme et de concentration que requiert toute opération télépathique, vous, l'émetteur, prenez une carte au hasard, la regardez avec calme et dans le détail et en intériorisez le motif. S'il s'agit d'un carré par exemple, vous vous le représentez comme un cube tournant dans les airs. A ce moment, le percipient doit donner la figure de la carte.

Epuisez ainsi tout le jeu en prenant note des bonnes réponses, de façon à en établir la proportion. Cinq bonnes réponses, ou moins, correspondant à la norme de probabilité qui est donc de vingt-cinq pour cent, tout résultat excédentaire indiquera le degré de votre force de pensée, de votre pouvoir PSI.

L'envoûtement

Dès lors qu'il sert à altérer la santé de quelqu'un ou à s'en faire aimer, l'envoûtement est dit "de haine" ou "d'amour". Sa pratique immémoriale, vulgarisée au Moyen Age et plus courante qu'on l'imagine aujourd'hui, laisse entrevoir l'étendue considérable du pouvoir télépsychique lorsque la force de pensée se concentre intensément et longuement sur un objectif précis. C'est là son intérêt, tout jugement de valeur mis à part.

En voici un témoignage[1]. Un jour, alors que, à la suite d'un accident de voiture, le Docteur X dut recourir aux services du charron de l'endroit, il le trouva alité. En attendant que son véhicule soit réparé par un autre charron du village voisin, il s'inquiéta de la santé du premier. Le vacarme nocturne à l'autre côté du bourg, dans l'atelier du chaudronnier à qui il avait refusé de donner sa fille en mariage, empêchait notre homme de dormir.

Le médecin alla s'informer:

– "Pourquoi frappez-vous la nuit, sur votre chaudron?

– Pour empêcher Nicolas de dormir.

– Comment peut-il vous entendre puisqu'il habite à une demi-lieue d'ici?

– Oh! je sais qu'il m'entend, reprit-il en souriant malicieusement.

– Cessez votre vacarme sinon je vous ferai poursuivre au cas où Nicolas mourrait!"

Dès la nuit suivante, Nicolas dormit paisible-

[1] Adaptation d'un récit d'Ernest Flammarion dans *l'Inconnu et les problèmes psychiques.*

ment et, quelques jours plus tard, il retravaillait normalement.

Dans les considérations qui accompagnent son récit, le médecin parle du pouvoir de la volonté dont on ne peut encore ni mesurer ni soupçonner l'intensité, mais qui sous-tend indispensablement, comme on verra, l'action thérapeutique du magnétisme et de la suggestion.

En caressant doucement les cheveux de votre enfant malade, en prenant ses mains dans les vôtres, ne l'avez-vous pas magnétisé inconsciemment en même temps qu'un désir soutenu et ardent contribuait déjà à sa guérison?

La pleine expression du pouvoir télépsychique

Toute tentative de type sensoriel, magnétique ou suggestif, présuppose la parfaite définition de l'objectif et la connaissance détaillée des paroles et des gestes qui l'ordonnent. De là, la nécessité de ne pas l'abandonner pour une autre tant que vous n'aurez pas acquis dans son exécution maintes fois répétée, une maîtrise telle que vous y procéderez automatiquement, presque inconsciemment.

Votre détermination, libérée des travers de la procédure, également inaccessible au doute et aux perturbations, permettra alors à votre énergie mentale de se concentrer pleinement sur le but à atteindre.

Conclusion

Dominer l'expression spontanée de ses tendances, de ses pulsions, c'est maîtriser le destin, en contrôler le cours. D'ailleurs, les dirigeants de la planète sont gens dont la maîtrise de soi a transformé leur impulsivité en puissance dominatrice. Si la première ne suffit pas à expliquer entièrement la seconde, elle concourt, à coup sûr, à guider notre vie. Car l'homme apte à se gouverner, à conduire sa pensée, se libère des influences et ne subit plus les phénomènes de masse. C'est par une formidable capacité intérieure de conduite que nous parvenons à conquérir notre liberté.

Si nous arrivons à modifier définitivement les facteurs psychiques transmis par l'hérédité ou acquis à force d'habitude, nous pourrons en tirer méthodiquement profit. Nul n'est privé de cette force psychique dont il nous appartient d'user pour notre plus grand bien.

CHAPITRE V

LE MAGNÉTISME CURATIF

Le magnétisme constitue, d'après le *Petit Robert:*
"– l'ensemble des phénomènes par lesquels se manifeste chez le *magnétisé* l'action du fluide magnétique du *magnétiseur*;
– l'ensemble des procédés déclenchant ces phénomènes (contemplation prolongée d'un objet brillant, imposition des mains, passes)".

En plus des effets magnétiques *provoqués,* il en est de *spontanés* dont atteste l'influence de certains hommes sur d'autres, leur pouvoir d'attraction: réussite des hommes d'affaires, charisme des grands chefs spirituels et politiques.

Le magnétisme est encore lié à *l'aura,* champ magnétique entourant tout corps vivant, dont nous parlerons pour finir.

QUELQUES PREMIÈRES EXPÉRIENCES

A vérifier chez vous, un soir entre amis

Remplissez un verre d'eau plate, serrez-le dans votre main durant trois à quatre minutes, puis posez-le au milieu de la table.

Eteignez la lumière tout en conservant un soupçon de clarté, juste de quoi voir encore le verre.

Placez votre visage au ras de la table: vous devez distinguer une fumée blanchâtre qui s'échappe du verre magnétisé.

Obtenez de l'énergie magnétique par le frottement des mains

Ayez les mains parfaitement sèches. Frottez-les l'une contre l'autre, très vite et très fort, pendant quelques secondes. Mettez-les ensuite l'une en face de l'autre et rapprochez-les tout doucement.

Vous allez sentir une résistance qui les repousse comme se repoussent les pôles d'un aimant, mis l'un en face de l'autre.

Grâce au magnétisme, agissez sur les plantes

Vous prenez, par exemple, trois graines de tournesol ou de radis que vous enterrez chacune dans un pot de terre différent. Toute l'expérience durant, vous conserverez les pots à la chaleur pour favoriser l'éclosion.

La paume tournée vers le bas, maintenez votre main droite ouverte, les doigts joints ou non, audessus du pot qui se trouve à votre droite, pendant dix minutes si possible. Faites de même et en même temps avec la main gauche, au-dessus du pot central, le troisième restant neutre de toute intervention.

Renouvelez l'expérience tous les jours suivants, jusqu'à l'éclosion des graines, en prenant bien patience d'en attendre le moment.

Parce que la main droite stimule et que la gauche apaise, vous constaterez stupéfait, que le germe issu de la première graine est plus développé que celui issu de la deuxième et que tous deux le sont davantage que le dernier. En définitive, la plante à votre droite a crû en hauteur, celle au milieu en épaisseur et la dernière normalement.

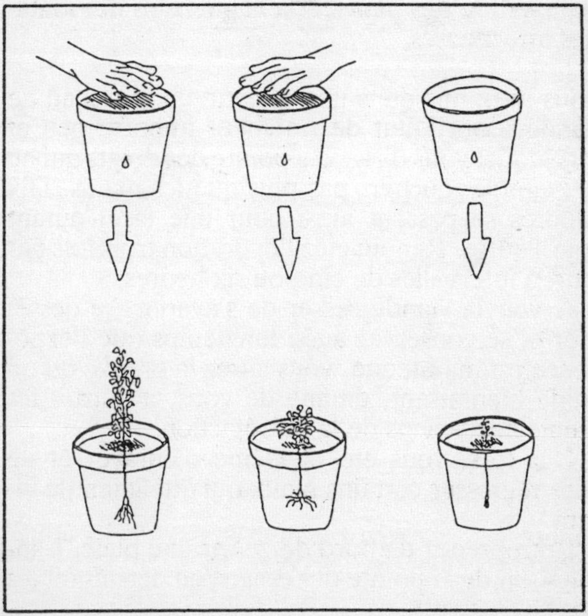

Comment maintenir une orange intacte, plus longtemps qu'une autre

Prenez une orange dans votre main droite et déposez-la sur la table.

La paume tournée vers le bas, maintenez, le plus longtemps possible, votre main droite ouverte au-dessus de l'orange. Votre main gauche fait de même et en même temps avec une autre orange de même fraîcheur.

Renouvelez l'expérience quotidiennement jusqu'à ce que la deuxième orange pourrisse. Vous constaterez alors que la première est momifiée, dure et desséchée.

De la momification d'un morceau de viande à la cicatrisation des plaies et à la guérison des maladies infectieuses

Vous avez mis dans une assiette un morceau de viande, dont l'état de fraîcheur importe peu et vers lequel vous dirigez la pointe des doigts qui ne peuvent se toucher, pas plus que les mains. Dix minutes se passent ainsi pour une face, autant pour l'autre. Renouvelez l'opération trois fois par jour, à intervalles de cinq ou six heures.

A voir la viande cesser de s'avarier, se dessécher et se conserver aussi longtemps que l'expérience est maintenue, vous aurez la preuve qu'un fluide bienfaisant, émané de vous, a détruit les agents microbiens de la putréfaction.

Dès lors, vous êtes à même d'enrayer et de faire régresser certains maux qui atteignent le vivant.

Entreprenez d'abord de guérir une plaie. L'inclinaison de la pointe des doigts, en détruisant les microbes, empêchera la plaie de s'infecter; en la séchant ensuite, elle aidera à sa cicatrisation.

D'avoir constaté que les **ondes de forme émises par les pyramides** assurent les mêmes résultats invite à en parler.

Il s'agit de construire les arêtes d'une pyramide quadrangulaire, carrée à la base et dont les quatre faces latérales sont des triangles isocèles égaux. Peu importe la taille dès lors qu'on maintient le rapport 20/17 (côté de la base/arête latérale).

Plutôt que d'un angle de la base, l'orientation au nord d'un de ses côtés, perpendiculaire ainsi à l'aiguille de la boussole, garantira un effet maximum, par ailleurs indifférent au va-et-vient et à la présence d'appareils électriques.

Contrairement au verre de lait laissé durant quatre jours, environ vingt centimètres à l'extérieur de la pyramide, celui mis en son centre reste intact et sans odeur. D'aspect crémeux, il a même augmenté de saveur. Après trois jours encore, on obtient une sorte de fromage blanc, plutôt délicieux.

La même expérience faite avec deux morceaux de viande aboutit à ce que, après quatre jours, l'un soit nauséabond et avarié, l'autre momifié; avec deux fleurs dont l'une est fanée et l'autre demeurée intacte, après trois jours; avec des semences de radis enfouies dans des pots, dont les unes germent quatre fois moins vite que les autres.

Nous avions décidé d'installer la pyramide au-dessus de la cage d'un canari, malade depuis plusieurs mois. Après quatre jours, il chantait à nouveau et sautait d'un perchoir sur l'autre.

Nous avons été amené à observer que, suspendue au plafond, un côté toujours orienté au nord, la pyramide émettait des ondes bénéfiques non seulement en son sein mais également en dessous d'elle.

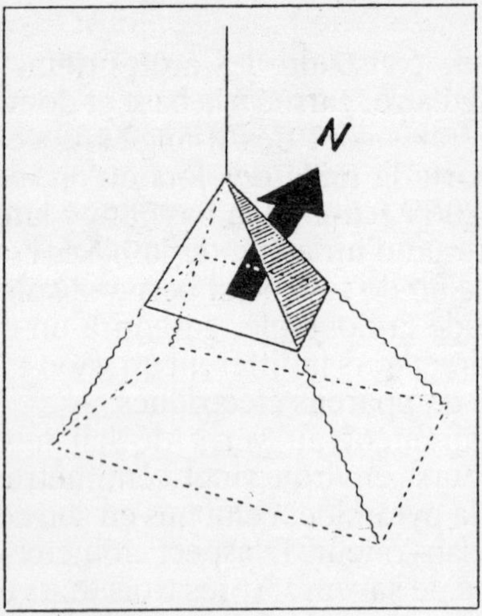

De plus grandes pyramides sont confectionnées de manière à recevoir un homme debout; quinze minutes ainsi passées suffisent à "recharger" tout à fait. De la même manière, on peut concevoir des serres pour la culture.

Quoi qu'il en soit des rapports entre le magnétisme et l'énergie de la pyramide, on peut affirmer que celle-ci permet d'adoucir le café, le tabac et l'eau, de stimuler la croissance des plantes, de conserver la nourriture en tuant les bactéries, d'améliorer la transmission des ondes sonores, d'épanouir la conscience, de favoriser la relaxation, d'accélérer le processus de la guérison, d'augmenter vitalité et virilité.

Viennent évidemment à l'esprit les mystères qui entourent les pyramides d'Egypte. Leur construction et leur rôle que nos connaissances ne limitent plus à un mode de sépulture royale, continuent à soulever nombre d'hypothèses. Relevons simplement qu'un de leurs côtés était également orienté au nord et que les rats emmurés, trouvés çà et là, étaient tous momifiés par le fait, non de l'homme, mais de cette énergie qu'on appelle “onde de forme”. Et remarquons au passage la forme pyramidale donnée aux clochers des anciennes églises...

LES PRINCIPES DU MAGNÉTISME

Exposons à présent quelques principes du magnétisme, fondés sur l'expérimentation et explicatifs de son pouvoir curatif.

L'action du magnétisme animal sur l'inorganique

De moindre intensité que lorsqu'elle s'exerce sur le vivant, elle s'observe néanmoins au moyen d'appareils.

Confectionnez un cylindre en papier qui soit libre de tourner autour d'une paille constituant son axe. Celle-ci est posée verticalement sur une épingle fichée dans un bouchon de liège. Pour travailler à bonne hauteur, on peut poser le tout sur un vase par exemple.

Selon qu'on présentera la main gauche ou la droite devant le cylindre, celui-ci tournera dans le sens des aiguilles d'une montre ou en sens contraire.

Les fluides magnétiques minéral et animal

A l'aide d'un fil de soie non filé, suspendez dans un vase en verre, hermétiquement fermé par un bouchon et d'une hauteur de vingt à trente centimètres, une aiguille en cuivre, en platine, en or ou en argent, percée en son milieu. Agissez sur elle en présentant le bout des doigts à hauteur d'une de ses extrémités. Suivant votre volonté, elle va tourner dans un sens ou dans l'autre.

On sait qu'un barreau de fer aimanté attire ou repousse l'aiguille selon qu'on la présente à l'un ou l'autre de ses pôles. On peut obtenir ces différents résultats sans changer de pôle. Etant entendu que vos passes ne toucheront jamais le barreau maintenu à l'horizontale, vous le magnétisez dans un sens. Le côté ainsi présenté à l'aiguille l'attire. Si vous le magnétisez dans l'autre sens, ce même côté la repousse de dix, quinze, vingt degrés et plus. Une troisième et différente magnétisation le neutralise et l'aiguille reste alors immobile.

On constate ainsi que le fluide vital anéantit la force attractive du fluide magnétique minéral.

Remplissez à présent un verre d'eau, de préférence distillée. Saisissez les fils conducteurs du galvanomètre aux endroits où ils sont recouverts de soie afin de ne pas les oxyder et plongez leur extrémité dans l'eau: l'aiguille reste immobile. Vous retirez les fils et magnétisez l'eau au moyen de quelques passes faites au-dessus du verre, de manière à la saturer. Si vous y replongez le bout des fils, l'aiguille oscillera entre dix et vingt degrés, parfois plus.

L'interaction magnétique s'exerce entre les corps tant animaux que minéraux. Deux individus debout l'un près de l'autre s'attirent ou se repoussent comme des aimants selon que ce sont leurs pôles contraires ou identiques qui se présentent mutuellement. Ainsi la main droite, positive, présentée au front, positif lui aussi, repousse-t-elle le sujet alors qu'elle l'attire, présentée à la nuque qui, elle, est négative.

Connaissant aussi les effets d'augmentation et de diminution de l'activité organique, produits par la rencontre des pôles identiques et contraires, on comprend comment le magnétisme peut soit exciter soit calmer.

Polarité du corps humain

Quelques expériences menées sur des sujets sensitifs tendent à démontrer qu'en parcourant des lignes de force, l'énergie magnétique polarise le corps, positivement à droite, négativement à gauche.

1) Le petit doigt de la main droite d'un sensitif se contracte après quelques secondes si on en touche la partie interne avec du verre électrisé, l'électrode positive d'une pile ou le pôle nord d'un aimant. Il en irait de même si le sujet plaçait ce petit doigt dans la main droite de l'opérateur. Mais qu'il soit mis dans la main gauche, qu'on se serve d'un bâton de résine électrisé, de l'électrode négative d'une pile ou du pôle sud d'un aimant, et la contracture disparaît.

2) La saveur particulière que les sensitifs trouvent à l'eau, diffère selon que celle-ci a été magnétisée par la main droite ou par la main gauche: chaque main ayant tenu un verre d'eau pendant deux ou

trois minutes, si on oriente par-dessus, la pointe de leurs doigts respectifs qui ne touchent pas le liquide, l'eau de droite aura un goût acidulé et deviendra fraîche et légère; celle de gauche sera alcaline, tiède, fade, nauséabonde.

Les mêmes résultats seront obtenus si les électrodes d'une pile, que relie un fil humide, sont plongées dans leurs verres d'eau respectifs ou si ceux-ci sont soumis, chacun pour leur part, à l'un et à l'autre champs d'action polaire d'un aimant.

3) Placé devant le sensitif, vous l'attirerez à vous en présentant votre main gauche, négative, devant son sternum, positif, tandis que la main droite le repoussera.

Le positionnement des corps va à présent mettre en œuvre la polarité latérale. Vous êtes à gauche du sujet, dans la même ligne et tourné du même côté. Après quelques instants, il sera attiré vers la gauche en raison de l'attraction de la partie gauche de son corps pour votre côté droit. En revanche, il sera repoussé si vous êtes tourné du côté opposé parce qu'en ce cas, les parties gauches des corps s'opposeront. Vous obtiendrez, bien sûr, les mêmes effets en vous plaçant à droite du sujet.

Une double attraction s'exercera entre vos côtés inverses, droite-gauche et gauche-droite, qui cette fois se feront face.

Effets thérapeutiques des principes de polarité

L'application des principes de polarité entraîne des conséquences physiologiques que le magnétisme curatif provoque, avec pour effet de restaurer les équilibres qu'une atonie ou son contraire ont rompus. Ainsi en est-il de l'habitude de croiser les jambes qui provoque un court-circuit permanent en même temps qu'elle perturbe le cours du sang.

La mise en présence de pôles identiques stimule l'activité organique du sujet, celle de pôles contraires la diminue. En attestent l'augmentation de la température du corps, des rythmes cardiaque et respiratoire, de la sensibilité et de la force musculaire ou leur diminution; les sensations de lourdeur dans la tête et d'oppression, ou de légèreté, de tiédeur ou de fraîcheur, d'agitation ou de calme, de malaise ou de bien-être général. La prolongation de l'expérience peut mener, dans un cas, à la contracture des muscles et au sommeil magnétique, à la paralysie et au réveil dans l'autre cas.

QUELQUES EXERCICES POUR DÉVELOPPER LE POUVOIR MAGNÉTIQUE

Si chaque homme dispose, à des degrés divers, d'un pouvoir magnétique, l'exercice en améliore progressivement le dynamisme dont l'indispensable levier est le désir et la volonté préalables de secourir par transfusion vitale un organisme de misère. Pour illustrer notre propos, citons l'exemple d'un petit garçon atteint d'une fièvre de cheval; celle-ci diminua à la faveur de l'imposition des mains sur la tête et disparut en fin de journée. L'hospitalisation était prévue pour le lendemain matin...

Certes, le magnétisme, pour avoir des effets propres, n'en est pas moins accompagné par la suggestion. En effet, les paroles prononcées au chevet d'un malade agissent presqu'immédiatement sur lui. Selon qu'elles seront bénéfiques ou non, elles stimuleront ou abaisseront sa force de vie. C'est pourquoi, ici comme en tout, psychologie, maîtrise de soi et calme doivent présider. Une sensation de soulagement, de mieux-être, ne se produit-elle pas déjà dès la sortie de chez un médecin qui possède ces qualités? L'action du magnétiseur passe, elle aussi, par ce premier stade de bon fonctionnement: son flux vital se transmet d'abord par la parole et la force de pensée.

Le premier contact

Confortablement assis devant vous, le patient sera amené à se détendre afin que nulle crispation, physique ou mentale, n'entrave l'action magnétique. À cet effet, vous poserez vos mains à plat sur les siennes pendant cinq à dix minutes et ce, lors des premières séances seulement, car le contact sera par la suite instantané.

Sachez que les ondes magnétiques sont émises tout particulièrement par la surface palmaire de la main, par les extrémités des doigts de la main et du pied, par les yeux surtout, et que la plus forte concentration fluidique se trouve dans le souffle bien orienté.

Les passes lentes

Les passes lentes, qui sont saturantes, chargent et apaisent le sujet bientôt plongé dans une douce somnolence. Les mouvements que la vigilance de la volonté soutient dans tous les cas, ne sont toutefois jamais contractés. Par conséquent, arrêtez à chaque signe de fatigue qui enlèverait une aisance et une souplesse que l'entraînement et le désir de secourir forgent petit à petit.

Amenez les poings à hauteur de la tête et ouvrez-les dans un geste de protection. Les mains largement ouvertes à cinq ou dix centimètres de la peau descendent lentement et sans se toucher jusqu'à la pointe des pieds. Vous répétez l'opération le long de la face postérieure. La passe s'achève par la remontée, jusqu'à la tête, des poings qui resteront écartés du corps sous peine d'engendrer des courants contraires.

Amenez les poings à hauteur de la tête et ouvrez-les dans un geste de protection.

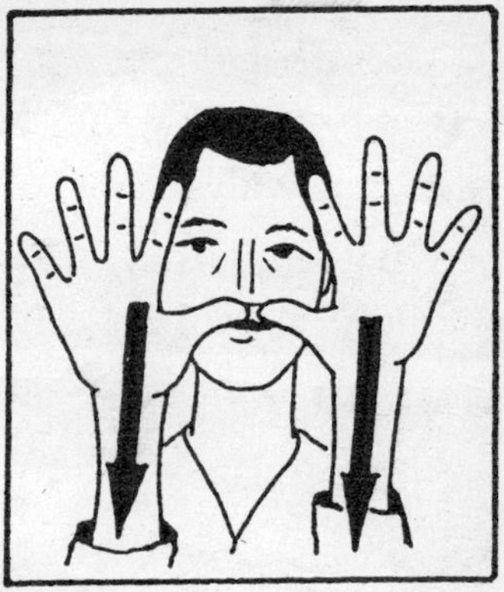

Le magnétisme dirigé

On entend par magnétisme dirigé le fait de diriger un rayon magnétique et non de le diffuser. L'efficacité des soins portés à un organe dépendra de la précision et de l'intensité de l'irradiation sur celui-ci.

a) l'imposition digitale
Joignez les doigts de la main et rassemblez les pointes afin de donner l'effet de rayonnement.

Mettez les bras le long du corps et fermez les poings en vue d'amasser un maximum d'énergie. Levez ceux-ci à hauteur de l'organe déficient; ouvrez-les brusquement en vue d'obtenir un effet de jet, tout en gardant les doigts collés les uns aux autres. Concentrez ainsi votre fluide de cinq à dix minutes.

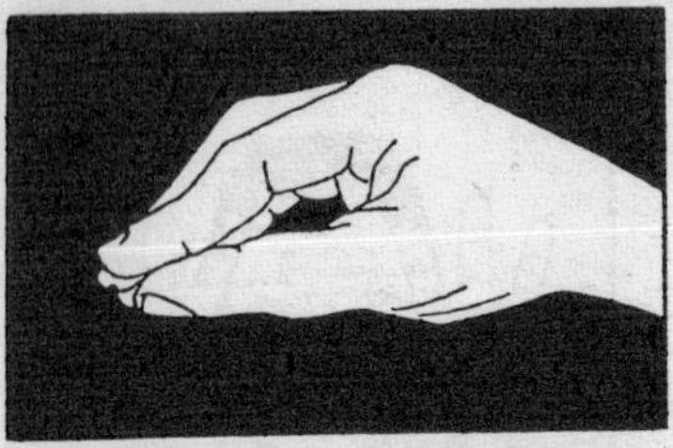

l'effet de rayonnement.

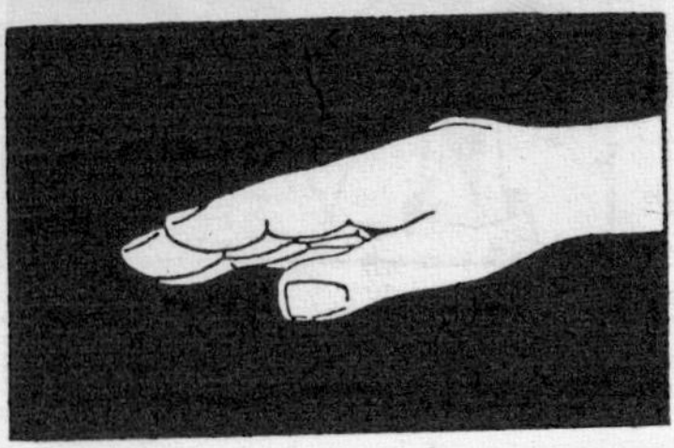

l'effet de jet.

b) l'imposition palmaire

On peut s'en servir, comme des autres impositions, par l'intermédiaire des chakras notamment. La paume, maintenue à quelques centimètres de la peau, est présentée à la partie malade, pendant un laps de temps identique.

Chacun la pratique inconsciemment dans la vie courante, d'ailleurs. Porter la main au front, à l'estomac ou à tout autre endroit douloureux, ne soulage-t-il pas? En cas de coupure, l'imposition sur la plaie arrête l'épanchement sanguin et trois séances assureront le début de la cicatrisation.

Le regard

Agent de transmission de la pensée et de la force mentale, le regard possède un pouvoir de suggestion dès lors qu'on a appris à le contrôler.

On ne suggérera que dans un calme spirituel absolu, sans tension de la volonté ni des muscles, sans serrement des dents ni des poings, sans modification du rythme respiratoire. Et le regard posé sans effort sur un point déterminé, sa pénétration s'opérera d'elle-même à la faveur du choc mental produit par la répétition de la suggestion. Quant à l'obstacle majeur constitué par le maintien de sa fixité que n'altèrent aucun battement des paupières ni déviation du rayon visuel, des exercices d'une durée progressivement croissante le surmonteront.

La concentration de la pensée, simultanée à celle du regard, est affaire d'attention et de patience dans la démarche. Apprenez ainsi à regarder fixement quelqu'un avec amour en lui faisant ressentir qu'on voit tout en lui: il détournera vite les yeux et, en cas d'insistance, vous demandera d'arrêter.

Le dégagement

Un malade est forcément entouré d'un mauvais fluide dont il doit être dégagé avant chaque travail.

Notons que le *périsprit* et l'*aura* dont il sera question au dernier chapitre, servent également à désigner le champ ou fluide magnétique.

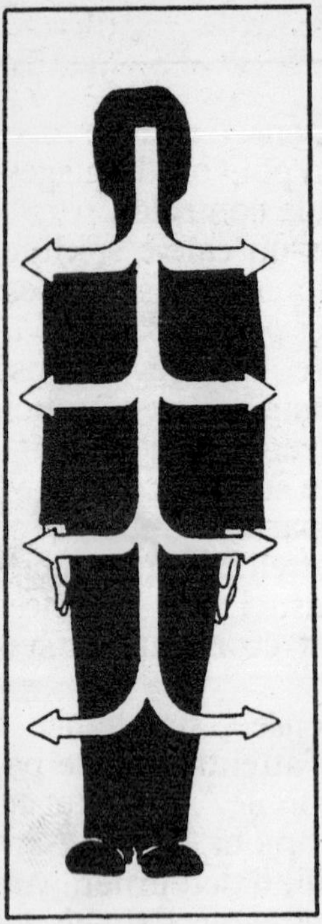

Sens du dégagement

Visionner un être ou un objet, c'est arriver à le voir les yeux fermés, après l'avoir regardé.

Visionnez le malade en vous le représentant couvert d'une épaisse couche de boue que vous allez lui enlever du centre vers la périphérie et du haut en bas, de la tête d'abord, puis des épaules, du reste du corps ensuite, la face antérieure avant le dos. Vous vous maintenez à cinq centimètres minimum de son corps, à dix maximum, et du bout des mains en forme de cuillère, qui le frôlent et s'en écartent rapidement, vous lui arrachez cette boue imaginaire jusqu'à ce que vous n'en ressentiez plus l'existence.

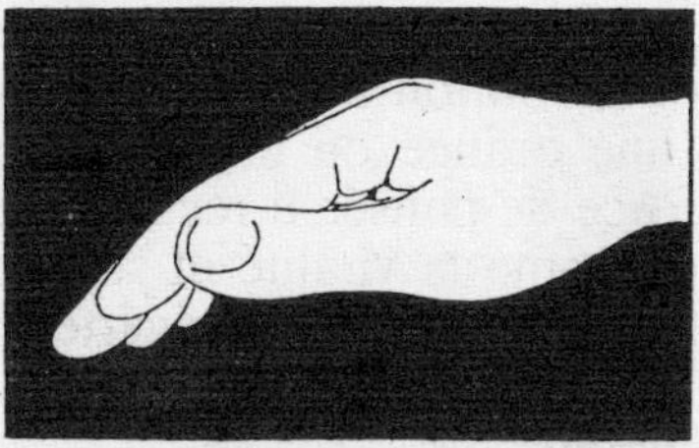

Main en forme de cuillère

Chaque passe sera aussitôt suivie du dégagement de vos propres mains souillées par cette boue qu'on projettera au sol. Après la séance, vous les laverez à l'eau claire.

Une grande maîtrise de soi et la méditation aident à *se dégager soi-même,* que ce soit *par autosuggestion* ou *par transmission à un objet.*

Dans ce premier cas, les paumes des mains tournées vers le haut, vous êtes confortablement assis dans une pièce peu éclairée et dont la température est de dix-huit degrés environ. Un fond de musique douce et instrumentale ou une méditation, soit enregistrée, soit imaginaire, favorisera la détente musculaire et une concentration d'une quinzaine de minutes.

Vous vous représentez couvert d'une couche de cette boue symbolique. Grâce à votre force de pensée, vous visionnez pendant quelques minutes un rayon très puissant qui émane de tout votre corps et en éjecte tous les fluides nocifs.

Vous vous abandonnez alors à un sommeil envahissant dont la durée d'une ou deux heures aura les mêmes effets réparateurs que celui d'une nuit entière.

Le second procédé demande les mêmes conditions de concentration mais, ici, vos deux mains entourent une orange ou un œuf frais, appelés par votre force de pensée à recevoir les mauvais fluides. Et comme la vitalité et son contraire se transmettent tout autant, vous écarterez cet objet devenu gravement préjudiciable à la santé de qui le consommerait.

LES SENSITIFS

On nomme ainsi les individus normaux sur lesquels l'action magnétique, à l'exclusion de toute suggestion ou manœuvre sensorielle, produit des effets rapides et caratéristiques. Diverses particularités du comportement, que la plupart ont en partie et certains en tout, permettent d'ailleurs de les reconnaître préalablement.

– Le sensitif est désagréablement affecté par un séjour dans un local où sont réunies de nombreuses personnes dont chacune constitue inconsciemment un foyer d'extériorisation et d'émission magnétique. Extrêmement troublé, il ne tarde pas à éprouver le besoin de partir.

– Toute surface polie réfléchissant les rayons magnétiques, le fait de se regarder trop longtemps dans un miroir incommodera le sensitif.

– La proximité d'une chute d'eau, d'un torrent ou d'une rivière rapide l'impressionne.

– La lumière lunaire qui l'atteint par-delà les murailles tourmente le sensitif, même s'il ignore qu'il y est exposé.

– Il préfère la couleur bleue et exècre tout autant le jaune.

– S'il s'approche à moins de trois mètres d'un gros animal, il en perçoit confusément et désagréablement le magnétisme.

– L'équitation qui met le cavalier en prise directe avec sa monture, l'étourdit et ses jambes se contractent.

– Le contact, même ignoré, d'un barreau aimanté ou d'une étoffe chargée de magnétisme

humain provoque un fourmillement, puis un engourdissement suivi d'une torpeur proche du sommeil. Comme il y a déperdition de son propre influx, les sièges rembourrés où il a l'habitude de s'asseoir en sont saturés et il change fréquemment de position dans son lit.
– Il éprouve de l'engourdissement ou des contractures au contact de la personne avec qui il dort.
– C'est instantanément que certaines présences l'épanouissent ou l'oppressent, de la même manière que les objets fortement chargés de l'influx de quelqu'un. Un regard posé à son insu sur sa nuque ou le sommet de son épine dorsale l'oblige à tourner la tête comme par instinct.

Les épreuves de sensitivité

– Posez fort légèrement vos mains sur les omoplates du sujet qui se tient debout, sans raideur. Une attraction vers l'arrière, soit très légère, soit marquée, soit instantanée et irrésistible, se produira, qu'accompagneront une légère suffocation et une sensation de chaleur se propageant à la poitrine, aux mains et à la tête.

Selon le degré de sensitivité du sujet, la production des effets nécessitera une application de dix, trente ou soixante secondes.
– Cette fois, vous faites face au sujet toujours debout mais dont les yeux sont bandés. Vous approchez doucement votre main droite du côté gauche de son front qu'elle ne touche cependant pas. Il sera attiré vers l'avant.

L'effet serait identique, quoique plus lent, si la main gauche s'approchait du côté droit.

– Présentée à la nuque du sujet, votre main droite provoquera sa chute en arrière; votre gauche le repoussera vers l'avant.

– Des passes *lentes,* effectuées longitudinalement sur un bras, lui donnent une certaine contracture pouvant aller jusqu'à la rigidité que des passes *rapides* dissiperont. Chez les grands sensitifs, cette mise en présence de pôles opposés entraînerait une relaxation, voire une paralysie momentanée.

LA PRATIQUE DU MAGNÉTISME

Si, assurément, les séances de pratique quotidienne nous familiarisent avec les passes magnétiques, affûtent et fortifient notre flux, elles ne peuvent avoir une trop longue durée. D'autre part, la réussite requiert du magnétiseur une haute moralité qu'un comportement en tout modéré permet d'atteindre.

Nous avons dit que le magnétiseur émet des ondes reçues par le magnétisé. De celui-ci aussi, bien sûr, dépend la qualité des résultats. Si la majorité des récepteurs ne ressentent les effets de l'onde qu'à plus ou moins long terme et différemment, les dix à vingt pour cent de sensitifs l'éprouvent immédiatement ou très vite au point qu'il s'y trouve nombre de médiums. Tout malade, quant à lui, les reçoit un jour, immanquablement.

La nécessaire influence du magnétiseur, sa relation directe et harmonieuse avec le magnétisé sera obtenue, comme dans l'hypnotisme, par la fascination du regard dont la douceur et le calme profonds reflètent semblable vie intérieure.

Après avoir dégagé le sujet, mettez-le en confiance par l'imposition palmaire gauche sur le front qu'il n'est pas nécessaire de toucher, car un éloignement de cinq centimètres suffit. Rappelons ici le pouvoir apaisant de la main gauche, tonifiant de la droite.

Placez-vous derrière le patient et posez les mains sur ses épaules afin de le "remonter", de la même manière qu'on rechargerait une batterie. Comme on sait que le corps humain est polarisé positivement à droite, négativement à gauche, et que, deux à deux, les pôles doivent toujours être inversés sous peine de court-circuit, on portera dans tous les cas la main droite sur l'épaule gauche du récepteur et inversement. Ainsi les bras seront parallèles lors du travail de face et croisés lors du travail dans le dos.

Les bras seront parallèles lors du travail de face et croisés lors du travail dans le dos.

Ensemble ou isolément, les mains pourront soigner les parties neutres du corps, qui se trouvent sur son arête médiane, porteuse des chakras et ligne de partage entre les polarités opposées.

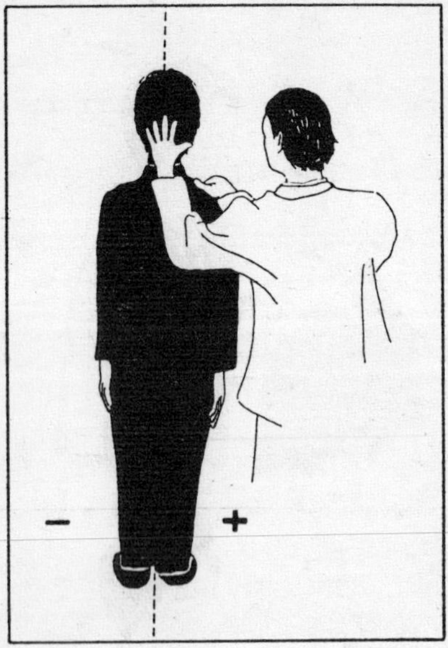

Vue de dos: main gauche posée sur le chakra de la nuque et main droite sur l'épaule.

La main droite prévient ici l'engourdissement que l'application de la main gauche sur le chakra de la nuque risque d'occasionner au système cérébro-spinal.

A l'inverse, posée sur l'épaule gauche, la main gauche préviendra l'excès de stimulation que l'imposition de la droite sur la nuque pourrait provoquer.

Les deux mains peuvent travailler le chakra, simultanément.

Le souffle

Ce type de **magnétisme curatif** produit des **effets souvent immédiats.** De même que, pour vos soins en général, la présence d'un témoin préviendra toute équivoque sur votre moralité, des raisons de convenances recommandent ici l'usage d'un tube en plastique ou, mieux, d'une feuille de papier conique présentant l'avantage d'une orientation précise du souffle sur l'organe.

De plus, la capacité d'inspirer profondément est nécessaire à une longue expiration, prolongée au maximum, car peu importe la puissance du souffle s'il ne peut être prolongé ni répété quatre ou cinq fois au cours d'une même séance.

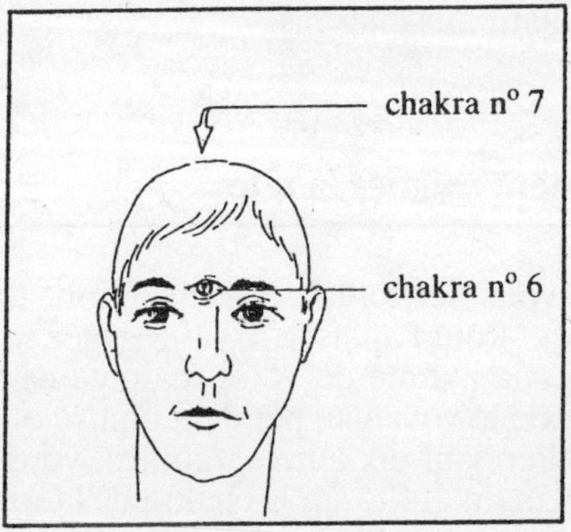

Chakra n° 7: **chakra de la tête ou de la spiritualité, au centre du cuir chevelu.**

Chakra n° 6: **chakra des yeux ou de la voyance, à la jointure des os frontal et nasal, à égale distance des yeux, légèrement au-dessus de leur ligne.**

Le souffle constitue également une **thérapeutique de complément** lorsque des cas demandent plusieurs séances où un ensemble de pratiques magnétiques est mis en œuvre. Ainsi, il est d'un précieux apport dans le cas fort fréquent de **la dépression nerveuse** qui engendre des troubles physiques plus ou moins graves comme les ulcères à l'estomac et aux intestins, les verrues, une mauvaise circulation du sang avec toutes ses conséquences (infarctus, thrombose, mal de jambes...)

Or, soigner le siège du psychisme, c'est-à-dire le cerveau, c'est soigner tout le corps. La voie psychosomatique manifeste assez les convictions de la médecine actuelle.

Nous prévenons, ici comme ailleurs, de l'indispensable connaissance des notions anatomo-physiologiques et renvoyons plus précisément au chapitre relatif aux chakras.

Comment soigner la tête

Tenez-vous derrière le patient durant toute l'expérience. Pour l'apaiser, vous dégagez sa tête puis imposez la paume de votre main gauche sur son chakra de la voyance, pendant quatre ou cinq minutes. Pendant dix autres minutes, vous imposez alors la main droite sur le chakra de la spiritualité, tout en visionnant l'organe malade que vous vous représentez en bon état et dont vous affirmez mentalement la guérison. Le sujet en éprouvera souvent une sensation de chatouillement intense sur le cuir chevelu ou de chaleur à la tête.

Comme décrit ci-dessus, vous posez ensuite les mains sur ses épaules en croisant les bras. Le souffle et son effet de recharge n'interviennent que complémentairement. Maintenez le cône de papier à deux ou trois centimètres du crâne.

Le sommeil magnétique

Les passes lentes, surtout celles qui descendent de la tête vers l'épigastre, ont tendance à provoquer une sorte d'ivresse psychique pouvant aller de l'engourdissement le plus léger jusqu'à l'inconscience qu'auront précédée divers degrés de somnolence. Le sujet s'immobilise peu à peu, le réflexe palpébral s'accélère avant que les yeux ne se ferment, la respiration s'amplifie puis ralentit, la tête s'incline enfin. Son état est proche du sommeil naturel et du sommeil hypnotique. En effet, l'activité de ses facultés objectives se trouve extrêmement réduite sinon suspendue: si on soulève ses paupières, on constate que les globes oculaires sont plus ou moins révulsés et que la lumière ne le réveille pas; sa sensibilité cutanée est faible ou nulle.

Il est entendu que seules l'utilité thérapeutique et l'appropriation au sujet décideront du sommeil consécutif au traitement magnétique.

Imaginons donc que des expériences préliminaires vous aient permis de reconnaître la sensitivité d'un sujet appelé de ce fait à s'endormir. Vous êtes assis tous les deux, lui confortablement et vous légèrement plus haut que lui. A plus de cinq mètres, il y a si possible un témoin, deux tout au plus. Le silence est absolu et l'éclairage doux.

Votre travail qui durera une demi-heure, commence par des passes longitudinales. L'occlusion des yeux ne constituant qu'un indice, dès qu'elle se produit, vous continuez à magnétiser pendant une dizaine ou une quinzaine de minutes. Soulevez doucement une paupière pour constater la révulsion du globe, puis un bras qui doit retomber lourdement. Demandez au sujet comment il se trouve et non s'il dort. Le sommeil l'aura gagné s'il répond d'une voix assourdie qui dénote la difficulté d'émettre des sons. L'absence totale de réponse manifestera d'emblée un état léthargique. A l'aide d'une aiguille stérilisée, vérifiez prudemment l'état de la sensibilité cutanée.

On provoquera le réveil à l'aide de passes rapides que suit le souffle froid appliqué sur le front. Malgré qu'ici comme dans le sommeil hypnotique, le réveil se produise progressivement et sans intervention, le sujet ne pourra être laissé à lui-même que lorsqu'il se sentira entièrement dégagé.

Dédoublement ou bilocation

Il arrive que le dédoublement soit *spontané*. Alors que l'organisme est rendu inerte par un sommeil naturel, un évanouissement ou la chloroformisation, conscience, mobilité et sensibilité se manifestent à une distance plus ou moins grande.

Le dédoublement *magnétique*, opéré chez des sujets prédisposés et maintenus sous influence, diffère du premier en ce que le profond assoupissement du corps n'empêche pas de voir, d'entendre et de se mouvoir.

On reconnaît un sujet apte au dédoublement à ce que, mis en état de somnambulisme et d'extériorisation dans l'obscurité, il perçoit, sous forme lumineuse, les zones extérieures à son champ de sensibilité. Si on continue à le "charger", à le "saturer", de la tête jusqu'à l'épigastre, il se forme deux masses fluidiques de chaque côté de sa personne, qui se rejoignent bientôt pour constituer un double aux contours d'abord vagues, nets ensuite.

Tout en lui restant relié par un *cordon fluidique* indéfiniment extensible[1], le double s'éloigne du sujet jusqu'à s'isoler dans une pièce voisine si l'opérateur le commande aussi. Dès lors, les perceptions visuelles et auditives de son double sont transmises spontanément au sujet.

[1] Appelé aussi "corde d'argent", sa rupture signifie la mort du corps physique que le corps fluidique ne peut plus réintégrer désormais.

DISTRIBUTION D'UNE SÉANCE DE MAGNÉTISME

Après qu'un contact harmonieux ait été établi, l'opérateur s'efforcera d'agir localement sur la cause du mal, en stimulant ou en calmant. Passes, impositions, applications, souffle auront successivement précédé la magnétisation dite "à grands courants", toujours indiquée en raison de son effet régulateur et dont les passes semi-rapides vont de la tête jusqu'aux pieds de la personne allongée.

Enfin, l'imposition simultanée de la main droite sur les vertèbres lombaires, dans le milieu du dos, et de la gauche sur l'épigastre, calmera et engourdira.

Une séance ordinaire dure de trente à quarante minutes. Les cas aigus demandent de deux à trois séances par jour, les maladies chroniques une seule, en général. Le magnétiseur se gardera d'être troublé par les crises, par celles notamment qui, malgré l'apparence d'une aggravation du mal, attestent simplement le réveil, par le magnétisme, des mécanismes d'auto-défense.

Insistons sur le fait que, la nature ne procédant que par sauts, les résultats durables ne s'obtiennent que progressivement. Equilibrante par définition, l'action du magnétisme ne présente pas le moindre inconvénient. Il serait pourtant coupable de ne pas s'assurer dans chaque cas de la cause des troubles, qui peut requérir également un traitement médical. C'est pourquoi, de solides connaissances physiologiques seront mises au service d'un art que le corps médical et le grand public apprécieront d'autant.

EXEMPLES D'APPLICATION DU MAGNÉTISME CURATIF

Dépérissement infantile

L'enfant dort mal, pleure et s'agite; son appétit est faible ou nul. Comme le sommeil régularisera et tonifiera ses fonctions, vous le placez sur le ventre et lui faites des passes semi-rapides, de la nuque au sacrum, durant une dizaine de minutes. Cinq autres minutes sont réservées à l'imposition de la main droite au milieu de sa colonne vertébrale. L'enfant remis sur le dos, vous laissez la même main sous les reins pendant que la gauche se trouve sur l'épigastre et vous attendez que les yeux se ferment avant d'imposer cette dernière, les doigts dirigés vers le haut, au milieu et à droite du front. En magnétisant une ou deux fois par jour, vous favoriserez l'activité du tube digestif.

Certains enfants, à propos desquels on parle de précocité, dépérissent à force de trépigner et de s'agiter sans relâche. Quelques séances de passes rapides des deux mains, allant de la tête au sacrum, puis des hanches aux pieds, y remédieront.

Quant au magnétisme naturel de la mère, il s'exercera d'autant mieux qu'elle est plus jeune et, comme son enfant, saine et équilibrée.

Débilité

Si vous avez affaire au symptôme majeur de **l'anémie,** à savoir le manque de globules rouges, lequel se manifeste notamment par de la pâleur et des étourdissements, vous magnétisez particulièrement le foie, la rate et le pancréas, au moyen de passes fort lentes et saturantes.

De plus, des insufflations chaudes dans la région de la colonne vertébrale et des passes rapides allant de la tête aux pieds assurent une rapide amélioration.

Dans le cas de **syncopes** accompagnées de cris et de mouvements spasmodiques, une longue application du plat des pieds et des mains du sujet sur ses cuisses sera suivie de passes semi-rapides de votre main droite partant de la nuque jusqu'au sacrum, puis d'une double imposition palmaire sur la tête, la main gauche étant portée au front, la droite à la nuque.

Les accès de **migraine** accompagnés de nausées nécessitent un certain nombre de séances au cours desquelles on va s'efforcer de déceler leur cause. On les calme en appliquant longuement la main droite sur l'estomac et la gauche sur le plexus solaire, au moyen d'impositions palmaires à la nuque et enfin au front.

LA CHAÎNE HUMAINE

La réunion de quelques personnes en bonne santé et confiantes dans le magnétisme peut concourir à la guérison d'un malade, à condition que le souci en soit partagé par chacune.

Le malade et vous appartenez à un cercle où on se tient par les pouces de sorte que la main droite de l'un touche la main gauche de l'autre et réciproquement. A partir du moment où vos mains feront les passes, vos deux voisins poseront la main qui vous touchait, sur votre épaule ou vos genoux. Si vous vous déplacez vers le centre du cercle, ils s'en rapprocheront de manière à ne pas rompre la chaîne. Et le fluide magnétique circulera bientôt, qui augmentera votre force et bénéficiera au malade.

Prenons garde que la chaîne ne devienne nuisible au cas où l'un des maillons ne lui réserverait pas une attention exclusive et ne se mette pas à l'unisson, encore qu'on puisse s'assoupir, s'endormir même, sous l'effet du fluide.

L'EAU MAGNÉTISÉE

Une fois les effets magnétiques produits sur elle, l'eau a la propriété de les accumuler une semaine durant, constituant ainsi un complément thérapeutique durable. C'est pourquoi, vous inviterez votre patient à vous apporter une bouteille d'eau que vous magnétiserez.

Dégagez-la d'abord, en procédant du haut vers le bas. Imposez-la ensuite en entourant la bouteille de vos mains, pendant quinze minutes environ. Le travail de l'eau s'accompagnant toujours de l'émission d'une pensée positive, vous visualiserez la personne, désormais guérie et non plus malade. Imaginez aussi que, dans cette eau, vous versez les médicaments spirituels nécessaires au patient qui se munira six fois d'une nouvelle bouteille afin de prolonger la cure. L'effet thérapeutique de l'eau sera bien entendu d'autant plus probant que votre aura sera développée.

La **laine,** les **métaux aimantés,** peuvent non seulement interagir, mais également transmettre le magnétisme d'un individu à l'autre. Prenons l'exemple d'un père de famille, malade nerveux, qui imprègne d'un certain magnétisme l'endroit du canapé où il a l'habitude de s'asseoir. Chacun de ses proches qui s'y assiéra en sera imprégné à son tour et en subira les mêmes nuisances.

Le magnétisme n'a cependant pas besoin d'agent de propagation. Le bébé, particulièrement sensible aux émotions ambiantes, redoublera de cris si ses pleurs irritent sa mère. Avant de chercher à le calmer, celle-ci aura donc à se calmer elle-même.

MAGNÉTISME ET CROYANCE

La technique du magnétisme animal ne peut aller sans la croyance en ce que nous appelons Dieu, idée, principe ou être supérieur, doté d'une force surnaturelle et pourvoyeur d'esprits purs que nous invoquons et qui nous assistent. Ces derniers furent des mystiques dont certains ont été reconnus saints par les religions.

Les manifestations surnaturelles dépassent souvent la connaissance scientifique dans la mesure où celle-ci n'a pas encore rejoint celles-là qui restent largement inexpliquées.

Un homme qui avouait volontiers son nihilisme et ses vices, vint un jour annoncer l'hospitalisation de son tout jeune enfant que le diagnostic du voile et de la tache pulmonaire condamnait. Suppliés de l'aider, nous avons constitué entre amis et avec le père, une chaîne d'amour autour de l'enfant. Nos pensées furent tellement transcendantes qu'il en a réchappé sans la moindre séquelle.

Plus difficilement explicable encore est la voyance directe, car on ne prédit ni grâce à la force de pensée ni par télépathie.

Un cancéreux reconnu incurable par la Faculté et condamné à court terme vint nous voir en désespoir de cause. Nous avons aussitôt perçu que nos soins assidus le sauveraient. Ce qui fut.

Une autre fois, nous avons prié un consultant de ne pas mettre sa voiture en stationnement, le dimanche suivant, à l'endroit qu'il lui réservait pour ces jours-là. Il se garda de son habitude mais, voyant quelqu'un prendre la place, l'avertit sans succès du danger. Une heure plus tard, le véhicule était embouti et... déclassé.

En admettant même que le médium puisse, au-delà de son intuition, évoquer les événements passés et à venir, il faut bien convenir de la réalité de l'Etre gérant "le grand tout" comme du bien créateur et du mal destructeur. La recherche du premier préserve victorieusement du second et Dieu est en nous qui y aide si nous le cherchons.

CHAPITRE VI

SUGGESTION ET HYPNOTISME

Le *Petit Robert* définit l'**hypnotisme** comme:
"– 1° l'ensemble des phénomènes qui caractérisent le sommeil artificiel provoqué,... dont des actes exécutés inconsciemment sur commande;
– 2° l'ensemble des procédés mis en œuvre pour déclencher un état d'hypnose, comportant essentiellement des mécanismes de suggestion".

Il est préalablement important de savoir que les esprits faibles, les personnes peu sûres d'elles et timides n'ont au départ que peu de chance de pratiquer avec succès l'hypnotisme qui requiert une faculté mentale de concentration plutôt remarquable. Même dans ce cas, on ne pourra pas provoquer l'hypnose chez n'importe qui: pour un sommeil plus ou moins profond, on estime la réussite à environ cinquante pour cent, car elle présuppose une certaine coopération, une attitude de passivité consentie, auxquelles certains seront toujours réfractaires.

Par contre, la **suggestion** consistant, d'après le même auteur, dans "le fait d'avoir une croyance, une idée, un désir, lorsqu'ils ont leur origine dans une autre conscience et que le sujet ne reconnaît pas l'influence qu'il subit", les opérateurs dotés d'une certaine force mentale doivent arriver à suggestionner plus ou moins vite, dans cent pour cent des cas.

Quoi qu'il en soit du degré de force de la pensée, la qualité des résultats dépend aussi de la fréquence des essais, de l'entraînement.

Sachons enfin qu'on ne parviendra jamais à obtenir ce que la morale du sujet, inscrite dans son subconscient, réprouve.

L'intérêt de l'hypnotisme

Autrefois, certaines pratiques entourant l'hypnotisme causaient de violents chocs émotionnels, dommageables pour le sujet. A présent que le phénomène est maîtrisé et reconnu à la portée de chacun, il peut être opéré progressivement et sans péril.

Ne croyez surtout pas qu'une fois endormi le sujet ne se réveillera plus. Si vous ne le ramenez pas à la conscience, il mettra d'une demi-heure à une heure et demie à se réveiller de lui-même et se sentira tellement reposé qu'il aura l'impression d'avoir dormi toute une nuit.

L'hypnotisme est notamment recommandé aux personnes timides et particulièrement émotives car, à la faveur de sa pratique, elles acquerront la sérénité et une parfaite assurance en soi.

Pour débuter, discernez parmi plusieurs personnes, la plus réceptive à l'hypnose et persistez toujours, quand bien même aucun effet extérieur ne serait perceptible. Soyez assuré que vos efforts favorisent l'évolution de votre pouvoir mental et le fortifient. Ils renforcent notamment votre pouvoir de suggestion sur autrui, ce dont votre vie privée et vos affaires ne peuvent que bénéficier.

Critère de reconnaissance du sujet qui peut être hypnotisé

Peut être hypnotisée une personne dont la vision se trouble, avec dilatation des pupilles et larmoiement, après avoir regardé fixement, pendant cinq minutes minimum, dix maximum, la flamme d'une bougie ou d'une lampe à travers un trou percé dans du carton, ou un point noir assez gros, formé sur un fond blanc.

Comment augmenter son influence sur quelqu'un

Gravez soigneusement son image dans votre esprit et exercez-vous à vous représenter son visage, trait par trait, et sa silhouette aussi précisément que possible. Déterminez une demi-heure de la nuit pendant laquelle vous êtes assuré de son sommeil ou du moins de son repos. C'est à ces moments, dans la huitaine qui précédera votre tentative, que vous mettrez votre influence télépsychique à l'épreuve.

Confortablement installé, vous restituez mentalement son image pendant cinq minutes. Cela étant, vous l'imaginez en train de parler et de marcher, vibrant à vos propos pensés avec énergie: “Je vous influence profondément; chaque jour, je vous influencerai davantage; vous avez la sensation d'être influencé par moi; vous l'aurez chaque jour davantage; bientôt, vous ne pourrez plus résister; je veux que vous soyez influencé; je vous sature de mon fluide." Terminez en vous représentant la scène telle que désirée à l'instant voulu.

Vous devrez conserver la maîtrise de vous-même au cours de chacune de ces séances après lesquelles vous vous aérerez et ferez des exercices physiques.

DE LA SUGGESTION À L'HYPNOSE

Première expérience: **la bascule**

Détendez-vous en coupant votre mental de tout ce qui vous entoure. Seuls comptent le sujet et vous. C'est pourquoi, lors des premiers essais, on recommandera, pour les besoins d'une concentration maximale, la seule présence physique des deux protagonistes.

Vous devez également être seul à parler: votre élocution sera posée, assurée et parfaitement claire, de sorte que le sujet perçoive bien chaque mot.

Le sujet debout, les yeux clos, vous tourne le dos. Demandez-lui de se détendre, de relâcher les muscles; aidez-le par des phrases persuasives: "Vous êtes bien, vous vous sentez reposé..." Comme vous devez avoir un contact physique avec lui, vous posez votre main droite ouverte, doigts joints, entre ses deux épaules.

Après avoir mis le sujet en condition, vous retirez votre main d'entre ses épaules, centimètre par centimètre, vous répétant mentalement qu'il en suit le mouvement. Il basculera alors vers l'arrière, plus ou moins fort selon son degré de suggestibilité.

La même expérience peut être réalisée avec le sujet vous faisant face cette fois. Vous posez très légèrement la main sur son front en l'invitant à se concentrer sous le contact de vos doigts.

Deuxième expérience: **les mains se ferment**

Demandez à votre sujet de s'asseoir, de préférence sur une chaise, de fermer les yeux, de relâcher les muscles des bras, des jambes et du corps. Aidez-le, ici aussi, en lui répétant qu'il est bien, qu'il continue à se détendre.

Demandez-lui alors de poser les mains à plat sur ses genoux, les paumes tournées vers le haut.

Vous lui suggérez de bien se concentrer sur ses mains et de ne laisser échapper aucun de leurs mouvements à son attention.

Vous lui affirmez ensuite que, sans qu'il le veuille, d'elles-mêmes, elles vont se fermer. Dès que vous les voyez bouger, vous accentuez le mouvement en disant: "Vos doigts commencent à se fermer, ils se ferment de plus en plus." Et quand, à son insu, ses mains se seront totalement fermées, vous l'inviterez à rouvrir les yeux.

Troisième expérience: **les mains moulinent**

Vous priez le sujet qui vous regarde, assis, d'obtenir la rotation de ses mains qui, l'une à l'opposé de l'autre, doivent tourner rapidement(1). Votre main droite placée à droite de sa tête, vous lui dites qu'elles tourneront bientôt par elles-mêmes, sans qu'un seul effort doive entretenir leur mouvement. Répétez ceci en vous représentant ce

(1) On peut également concevoir que, levées à la même hauteur, elles ne cessent de retracer chacune un même cercle dans l'air.

mouvement. Quand il aura convenu de cette sorte d'automatisme, vous en annoncerez l'accélération progressive. Celle-ci obtenue, vous suggérerez brusquement: "Voyez, maintenant, vous-ne-pou-vez arrêter le tournoiement. Vous ne pouvez plus arrêter. Plus vous tenterez de les arrêter, plus vite tourneront vos mains."

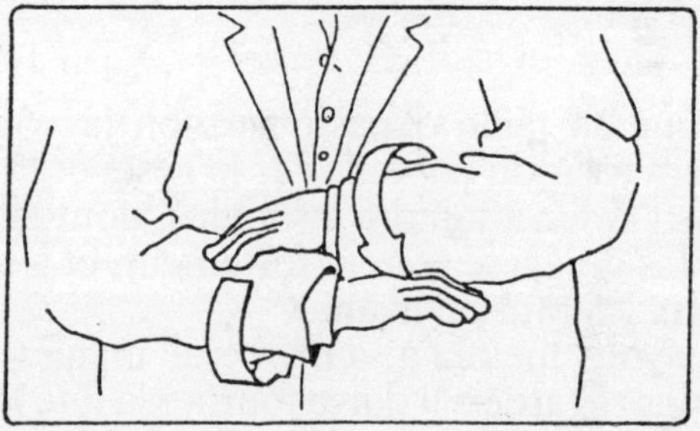

Les mains moulinent par la seule force de la suggestion.

A présent, éloignez-vous du sujet et laissez-le libre de constater par lui-même l'inutilité de ses efforts.

Quatrième expérience: **la contracture des bras et des mains**

Selon que sa taille dépasse ou non la vôtre, le sujet sera assis ou debout. Par le geste et la parole, vous l'aidez à joindre les mains, dont les paumes et les doigts se serrent fortement, et à tendre au mieux les bras en avant.

Vous vous mettez à sa droite de manière que, pour vous regarder, il doive tourner la tête légèrement et la pencher en arrière. Posant votre main droite sur ses poings fermés afin que ses bras se maintiennent dans l'axe du corps, vous lui dites: "Regardez-moi dans les yeux." Et vous ne cesserez de le regarder ainsi fixement jusqu'à la fin de l'expérience.

Après avoir fait quelques passes magnétiques fort lentes sur ses bras, vous posez vos mains sur les siennes que vous pressez légèrement, en lui suggérant ceci: "Je commence à attacher vos mains serrées, fortement serrées. Quand je dirai 3, vous constaterez que vous êtes in-ca-pa-ble de les séparer. Plus vous essayerez, plus elles se souderont. Vos bras se raidissent. Ils deviennent rigides, rigides comme deux barres de fer. Vos mains deviennent dures, dures comme du bois. Continuez à me regarder et ne me perdez pas de vue."

A 1, vous saisissez fermement les mains; à 2, vous les serrez et à 3, en même temps que, sans bouger la main gauche, vous portez l'index droit au milieu de son front, vous lui dites: "Maintenant, vous êtes incapable de séparer vos mains."

Ici, il faut suggestionner sans arrêt, rapidement et énergiquement, jusqu'à ce qu'il constate que ses efforts répétés ne peuvent les délier: "Vous-ne-le-pou-vez-pas. Im-po-s-si-ble. Plus vous essayez, plus elles se serrent, plus elles s'attachent. Impossible de les défaire. Vous le pouvez toujours moins. Vous ne le pourrez pas tant que je ne vous en aurai donné l'ordre."

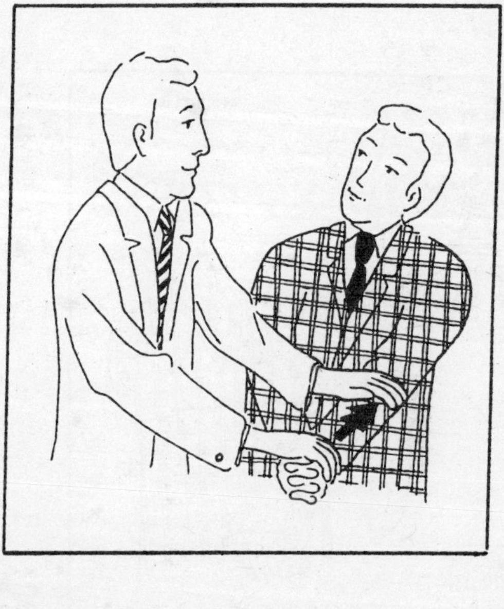

Après avoir fait quelques passes magnétiques fort lentes sur ses bras...

...vous posez vos mains sur les siennes que vous pressez légèrement...

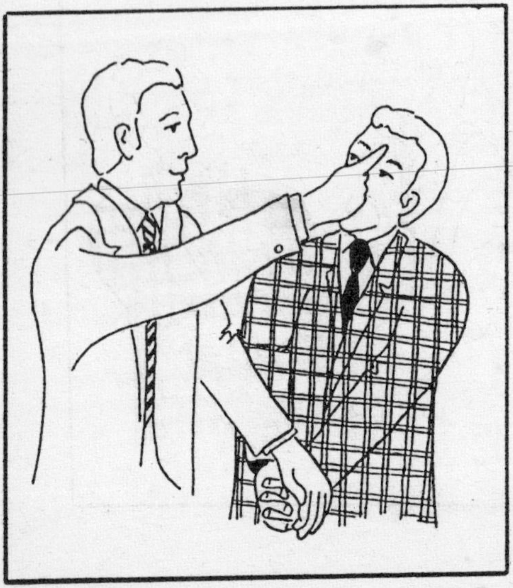

...sans bouger la main gauche, vous portez l'index droit au milieu de son front...

La suggestion ne va pas sans la conscience des paroles ni la volonté qu'elles s'accomplissent. Vous verrez ainsi la crispation de ses mains et la contracture progressive de ses bras en même temps que vous direz: “Je commence à attacher vos mains serrées.” Vous les verrez de même résister à tous ses efforts quand vous le préviendrez de son incapacité à les séparer.

Pour que cesse la contracture, vous annoncez: “Quand j'aurai dit 1, 2, 3, 4, 5, vous pourrez séparer vos mains. Vos bras auront perdu toute raideur et vous vous sentirez parfaitement bien.” Le “5” accompagné d'un claquement brusque de vos mains est suivi d'un: “Vous pouvez délier vos mains.”

Quelques passes rapides effectuées de haut en bas suffiront à éliminer l'éventuel engourdissement de ses bras.

Cinquième expérience: **l'impossibilité de dire son prénom**

Choisissez une première fois quelqu'un avec qui la précédente expérience a pleinement réussi. Demandez-lui de s'asseoir et faites des passes magnétiques: vos mains ouvertes frôlent plusieurs fois le sujet, de haut en bas et du centre du corps vers l'extérieur, pendant que votre volonté prétend s'imposer à la sienne.

Assis en face de lui, vous l'invitez à vous regarder dans les yeux et à prononcer son prénom, à le prononcer encore deux fois et de plus en plus fort. Cela fait, vous suggestionnez: “Maintenant, n'essayez plus de dire votre prénom avant que je ne vous le demande.”

En touchant légèrement sa pomme d'Adam avec le pouce et l'index et en avançant de manière à plonger un regard intense dans ses yeux, vous poursuivez: "D'avoir par ceci la gorge serrée, vous ne pourrez plus dire trois fois votre prénom. La première fois que vous essayerez, votre voix s'étranglera; la deuxième fois, vous pourrez à peine ouvrir la bouche et plus rien ne se passera la troisième fois." Lancez alors impérativement: "Essayez une première fois: vous ne le pouvez pas"; puis: "La seconde fois, vous le pourrez doublement moins" et encore: "Vous ne le pouvez plus. Vous ne le pouvez plus du tout maintenant. Impossible de le dire. Essayez fort: vous ne le pouvez plus!" Eventuellement, vous répétez les phrases plusieurs fois, en accentuant l'affirmation. Votre voix, dont le ton peut même s'élever un peu, devra toujours porter votre volonté et la certitude de ce que vous dites.

Vous engagez enfin le sujet à retrouver la parole: "A présent, essayez. Vous pouvez fort bien prononcer votre prénom."

On peut varier indéfiniment ce genre d'expériences, comme l'incitation à garder un objet en mains, à sauter au-dessus d'une ligne imaginaire, comme la contracture d'une jambe qui entraîne le boitement, de l'autre qui cloue au sol, comme la paralysie des genoux qui oblige à s'agenouiller, etc.

Si, bien sûr, il convient d'adapter à chacune le mode d'exécution, de la compléter avec des éléments tirés d'autres techniques, les principes ne changent pas: maintenir attachée à votre regard l'attention du sujet; faire des passes ou des attouchements aux endroits appropriés en se souvenant que les passes rapides et le contact des pôles contraires tendent à immobiliser et inversement. La suspension du réflexe palpébral, par exemple, viendra de l'action de la main droite sur l'œil gauche et de la main gauche sur l'œil droit.

Quant aux formules de suggestion, elles visent à

1° décrire le résultat poursuivi;
2° affirmer son obtention toute proche;
3° insister sur la relation entre son intensité et la résistance à l'empêcher;
4° affirmer sa progression et sa réalisation au moment de compter "3";
5° entrecouper le comptage d'affirmations dont les dernières seront répétées.

Sixième expérience: **le bras se lève jusqu'à l'horizontale**

Vous demandez au sujet debout et vous faisant face, de mettre ses bras le long du corps et de fermer les yeux. Imposez-lui la complète décontraction des muscles et le bien-être.

Cette fois, vous lui annoncez que vous allez vous adresser à un esprit qui l'aidera, constituant ainsi son support mental. Puis, vous choisissez un de ses bras, disons le gauche, que votre main droite, ouverte, effleure tout doucement de haut en bas et de bas en haut, et vous affirmez: "Ton bras se lève." En même temps, vous demandez à l'esprit d'aider à faire lever le bras gauche en question: "Allez-y, mon ami, vous pouvez m'aider à lever le bras gauche, vous pouvez le lever." Et vous le verrez se lever petit à petit jusqu'à l'horizontale.

Les sensations suggérées

Les passes longitudinales faites, vous demandez au sujet bien préparé, comme d'habitude, de tendre les bras vers l'avant. Vous posez une petite boule très légère dans une de ses mains et, sur un ton de plus en plus péremptoire, lui affirmez plusieurs fois: "Cette boule devient lourde, de plus en plus lourde. Vous ne parvenez plus à la tenir. Vous forcez, vous forcez de plus en plus, mais vous n'y parvenez pas." Et de fait, cette petite boule va lui paraître de plus en plus lourde jusqu'au point de lui sembler peser une tonne. Il baissera le bras, convaincu de ne pouvoir continuer à la supporter.

L'effet comique de l'expérience suivante l'a fait choisir par tous les hypnotiseurs en représentation publique.

On affirme au sujet qu'il va éprouver une intense sensation de froid ou de chaud selon qu'on est en été ou en hiver. Et on insiste jusqu'à ce qu'il grelotte et s'emmitoufle ou qu'au contraire, il s'éponge et se déshabille quelque peu. De même, il laissera choir de sa main qui en portera éventuellement la marque, un objet déclaré brûlant.

On connaît assez l'usage du *placebo* pour ne pas insister ici sur le rôle thérapeutique de la suggestion et même de l'autosuggestion.

Pour obtenir ces sensations, il faut, comme toujours, mettre le sujet en état de réceptivité, mais aussi charger son encéphale ou appliquer le principe de la polarité à ceux de ses centres nerveux que cela touche.

EXPÉRIENCE DE L'HYPNOSE

Vous vous tenez debout derrière le sujet assis, que vous avez invité à penser au sommeil, et votre main droite tourne au-dessus de sa tête dans le sens des aiguilles d'une montre, de manière que vos doigts tendus passent devant ses yeux. La chaleur de votre souffle dirigé sur sa nuque aidera à induire le sommeil magnétique.

En même temps que, sur la tête de votre sujet, repose à présent votre main droite, paume tournée vers le bas, votre main gauche fait des passes descendantes le long de sa colonne vertébrale.

A quelques centimètres de son nez, vous approchez ensuite les doigts de votre main droite réunis en pointe, les y immobilisez un moment avant de les en éloigner très lentement et de les y ramener de même. Sa tête s'appesentira en suivant le mouvement de votre main et ses yeux se fermeront. Il aura plongé dans le sommeil hypnotique.

Celui-ci surviendra d'autant plus vite que le sujet aura été suggestionné. De plus, chez les grands sensitifs, une injonction brusque, la peur ou toute autre émotion suffisent à le produire.

Procédé hypnotique employé par les marabouts

Sur une table revêtue d'une nappe blanche se trouve une bouteille remplie d'eau, derrière laquelle brille une petite lampe.

Le sujet, confortablement assis à quelques pas, dirige ses regards, à travers la bouteille, vers le point lumineux. Au bout de quelques minutes, ses paupières s'alourdissent et se ferment peu à peu. Chez un nerveux, la somnolence s'accompagnera de céphalées et de tachycardie.

Pour donner un parfum de surnaturel au phénomène, le marabout marocain fait brûler de l'encens derrière la table de sorte que les vapeurs envahissent la chambre en même temps que s'endort le sujet anesthésié.

Les stades de l'hypnose

Le premier consiste en somnolence, en torpeur, en engourdissement. Dans le deuxième stade, le sujet ne peut rouvrir les yeux. Le stade suivant se caractérise par une légère catalepsie que les efforts du sujet ne parviendront bientôt plus à rompre: même si on lâche les bras qu'on avait croisés, ils se recroisent aussitôt. On peut ensuite suggestionner les contractures comme de fermer la main du sujet qui ne peut la rouvrir, de fléchir son bras qu'il ne peut redresser, et obtenir l'insensibilité à la douleur.

Vient ensuite le stade de l'inertie et de la passivité entraînant l'obéissance aux injonctions. On en arrive ainsi au somnambulisme provoqué, qui autorise toutes les illusions pendant le sommeil mais dont on aura perdu tout souvenir au réveil.

A un stade ultime, il y a possibilité de réalisation des suggestions post-hypnotiques.

La mémoire hypnotique

Si, pendant son sommeil, le sujet reçoit par exemple l'ordre de se souvenir, à un moment précis, d'une page qui lui aura été lue une seule fois, il sera à même de la réciter deux mois plus tard. C'est dire la notion parfaite du temps qu'engendre l'hypnose et les facultés qu'elle développe, hormis la volonté.

L'hypnose totale

Elle peut être obtenue sans suggestions préalables ni stades intermédiaires. La méthode combinant et synthétisant les précédentes, elle les dépasse.

Le sujet est installé fort confortablement et à contre-jour dans une pièce dont la température, de quinze degrés minimum, en atteindra si possible dix-huit, voire vingt. Posez, à un ou deux mètres de lui, un réveil ou une grosse montre dont il puisse percevoir le tic-tac.

Prenant ses pouces en mains, vous en pressez fermement l'extrémité, à la racine des ongles. Vous l'engagez ensuite à se détendre totalement. La tête appuyée contre un oreiller ou un coussin fort moelleux, les membres et le dos doivent reposer lourdement. Dites-lui que vous allez l'endormir imperceptiblement, progressivement, sans qu'il ressente rien de désagréable; qu'au contraire, une sensation de douceur va l'envahir en même temps qu'une légère torpeur, une sensation de repos et de bien-être en même temps que le sommeil; que son impression sera celle qui suit une trop longue veille, lorsqu'on s'abandonne.

Comment la renforcer?

En tenant le poignet droit du sujet dans votre main droite, vous lui dites: "Maintenant, il vous faut obéir. Tout ce que je dirai vous plaira. Fermez votre poing droit. Tendez en avant votre bras raide et rigide." Pour en éliminer ensuite la contracture, ordonnez qu'il retrouve sa souplesse.

Quelques paroles circonstanciées suffisent à susciter les hallucinations et les émotions génératrices des actes les plus diversement commandés comme de danser ou de humer avec délice un flacon d'ammoniaque, par exemple.

L'approfondissement du sommeil s'obtient en répétant, durant cinq à quinze minutes, des passes lentes et des propos paisiblement cadencés comme le tic-tac d'une horloge: "Votre tête est lourde, votre sommeil plus profond." L'anesthésie s'en trouve augmentée et les suggestions post-hypnotiques favorisées. Désormais, l'attention du sujet se focalise sur vous qui le constatez: "Vous n'entendez plus que ma voix."

Vous sortirez le sujet de cet état en lui annonçant d'abord votre intention: "Maintenant, je vais vous éveiller." Tout en effectuant des passes de dégagement fort rapides, vous direz ensuite: "Votre tête devient légère, vos membres s'assouplissent, vous avez cessé de dormir. Vous vous réveillerez dès que j'aurai achevé A, B, C, D, E, F: vous serez lucide et gai, vous vous sentirez absolument bien; rien ne vous gênera." L'égrenage des lettres, ponctué d'un nouveau: "Vous avez fini de dormir", sera aussitôt suivi d'un claquement des mains, au besoin répété, et de : "Eveillez-vous! Eveillez-vous!" A défaut de résultat immédiat, suggérez: "Vous pouvez ouvrir les yeux, vous êtes bien éveillé." De plus, soufflez puissamment sur le front et continuez vos passes rapides jusqu'à ce que le sujet se mette à sourire.

L'extase

L'état hypnotique ainsi nommé se caractérise par le fait que la tête se renverse en arrière, les yeux se révulsent vers le haut et les ondes sonores – paroles du magnétiseur et surtout musique – impressionnent vivement le sujet. Au son d'un chant guerrier comme "la Marseillaise", il marchera d'un pas fier et cadencé, le bras levé semblant tenir la hampe d'un drapeau. Tantôt il s'appliquera à danser artistement sur l'air approprié; tantôt triste et recueilli, il marchera, tête basse, au rythme d'une marche funèbre.

Mais il arrive, chez certains, que la crise s'opère spontanément. Le sujet qu'on magnétise énergiquement, cessant soudain d'entendre l'opérateur, pâlit et ses membres s'affaissent. N'était-ce la persistance des battements du cœur, on pourrait le croire mort. C'est que l'afflux, le surcroît de fluide magnétique a comme privé ses centres nerveux de toute conduction et transporté sa conscience à la lisière des deux mondes. Il sourit imperceptiblement de bonheur et, en général, demeure silencieux. Quelquefois, il parle seul et fort bas, adressant des paroles d'amour à un interlocuteur invisible qu'il console ou conseille encore. Le plus souvent, il fait abstraction de lui-même, car il a oublié la terre.

Un jour que nous magnétisions une jeune femme, nos propos l'exaltèrent au point qu'elle perdit connaissance. L'inertie de ses membres, l'arrêt de la respiration et du rythme cardiaque donnaient une impression de mort. Nous sommes parvenus à la ranimer au moyen d'insufflations. Au réveil, elle dit avoir vu son corps comme quelque chose d'étranger dont elle répugnait à se revêtir, n'y consentant que sur nos instances et grâce à notre fluide magnétique qui rétablissait en elle la conduction nerveuse.

Nous avons suivi une malade qui éprouvait de semblables sensations lorsqu'elle tombait spontanément en extase, pendant la nuit. Elle disait entrer alors dans le même état que celui où la mettait la séance de magnétisme, sentir son corps se dilater peu à peu avant de le distinguer au loin, pâle et immobile. Sa vision et sa compréhension des choses bénéficiaient manifestement de la séparation d'avec son corps dont, après quelques minutes, la vapeur lumineuse qui l'entourait, peu à peu se rapprochait. L'état d'extase avait disparu en même temps que la conscience.

Agents physiques productifs de l'hypnose

a) Stimuli sensoriels agissant

- ***sur la vue:***

1° – projeter une lumière vive dans les yeux du sujet qui se trouve dans l'obscurité;
2° – maintenir, au-dessus de ses yeux, un objet très brillant qu'il devra regarder fixement;
3° – offrir à sa contemplation un miroir rotatif ou une étoffe rayée de blanc et de noir.

- ***sur le toucher:***

– *brusquement:* pression vigoureuse des poignets, du vertex, du plexus solaire;
– *graduellement:* frictions douces et rythmées des pouces sur le front, pression légère des globes oculaires.

- ***sur l'ouïe:***

coup de gong frappé à l'improviste, derrière le sujet; son cadencé; tic-tac d'une montre mise contre l'oreille; bruit monotone répété; série d'octaves frappées au piano.

- ***sur l'odorat:***

odeurs violentes comme celle de l'ammoniaque.

b) La mise en présence de polarités de mêmes signes

Elle induit volontiers les sensitifs à l'hypnose.

Vous êtes derrière le sujet qui ne doit pas tourner la tête: appuyez-vous au dossier de son siège et parlez-lui dans l'oreille droite. Si vous êtes en face, vous vous penchez et, joue contre joue, lui chuchotez doucement à l'oreille gauche ce dont vous voulez le persuader.

Les aimants, les courants galvaniques et l'électricité statique peuvent agir selon le même principe. Ainsi, le sommeil survient-il souvent quand la main droite tient le fil conducteur communiquant avec le pôle positif de la pile et que la main gauche tient l'autre. L'inversion, c'est-à-dire la mise en présence de pôles contraires, provoquera le réveil, l'hypersensibilité, enfin un engourdissement.

A ce sujet, prenons garde que l'imposition de la main gauche sur la tête, qui constitue une inversion des pôles, ne déclenche une paralysie générale pouvant présenter certaines ressemblances avec la mort.

c) Pression et température modifiant la circulation du sang dans le cerveau

La circulation du sang joue un rôle important dans la production de l'hypnose. Il suffit d'éveiller chez le sujet une pensée comme celle du sommeil, de ralentir ensuite l'arrivée du sang artériel dans le cerveau en comprimant la gorge, pour que naisse instantanément en lui l'hallucination correspondante, en l'occurrence la sensation de sommeil; laquelle cessera sitôt la gorge libérée.

Pour arriver au même résultat, il suffit de chasser le sang du vertex dont on approchera un corps froid ou de l'attirer vers le dos dont on approchera un corps chaud ou qu'on frictionnera énergiquement. A l'inverse, l'hallucination disparaît quand on frictionne le vertex ou qu'on en approche un corps chaud.

Quant au souffle et à sa chaleur, dirigé sur la nuque, il favorise l'hypnose; dirigé sur la face, il réveille.

CHAPITRE VII

VOYANCE ET PHÉNOMÈNES MÉDIUMNIQUES

La pratique des sciences occultes, l'étude de leurs phénomènes, permet de dégager des principes qualifiés de lois naturelles, lesquelles passeront progressivement de l'empirisme à l'expérimentation proprement dite dès lors qu'elles seront soumises à la mesure scientifique.

Les sciences occultes concernent les investigations relatives à tout ce qui échappe à nos facultés ordinaires d'appréhension du réel, auxquelles la crainte de l'inconnu et les habitudes nous confinent. Or, les phénomènes médiumniques en général et la voyance en particulier procèdent de la faculté inhérente à chacun de percevoir au-delà de ce qu'on appelle communément le raisonnable. Pourtant, si la raison constitue un progrès fondamental en ce qu'elle assure le contrôle du savoir et des comportements, en limiter la portée à un champ clos la nie précisément.

Définition de la voyance

Nous disposons bien d'une faculté spirituelle, immatérielle donc, le plus souvent qualifiée de "pouvoir psychique", qui a notamment permis à un phénomène comme l'hypnose de prendre place dans la médecine traditionnelle. Son originalité réside dans *la connexion qui s'opère à notre insu entre l'inconscient et la pensée:* des ondes cérébrales propagent l'inconscient libéré qui, parvenu à la pensée, la corrige en vue de l'associer à quelque autre pensée, déclenchant ainsi la voyance. L'impression de réminiscence qu'elle produit s'applique aussi bien au présent qu'au futur, puisque ni le temps ni l'espace n'existent dans l'absolu. Observons d'ailleurs que les rêves émergeant des couches profondes de la conscience, à la faveur du sommeil, leur signification instantanée s'apparente à la voyance. Le caractère prémonitoire de certains, reconnu a posteriori, s'explique par l'intemporalité de leur vécu.

Les médiums parviennent, quant à eux,à *provoquer* la voyance parce que le processus est déclenché à partir du *conscient: la volonté* capte l'énergie sous forme d'ondes PSI transformées alors en images dont la retransmission requiert une netteté optimale. Sauf qu'il s'agit ici, bien évidemment, d'ondes cérébrales émises par le système nerveux, le phénomène est comparable à celui de la télévision. Le récepteur capte des ondes hertziennes que le tube cathodique transforme en images cohérentes.

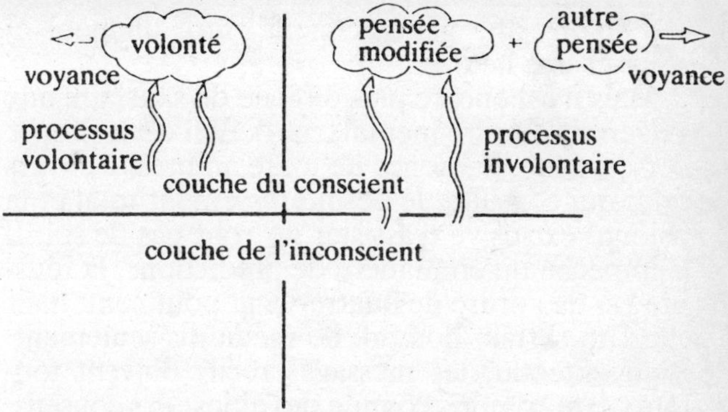

Conditions de réalisation

Exercer son psychisme sur autrui présente d'énormes difficultés dont attestent les fréquentes erreurs d'appréciation des voyants.

La confection d'une voyance nécessite la mise au repos, la passivité de notre système nerveux dont la moindre stimulation altère la liberté de passage des ondes cérébrales, la création des images et leur juste compréhension. On s'abstraira d'autant mieux qu'on aura écarté les interférences extérieures comme les va-et-vient et obtenu un silence absolu. La contemplation de la flamme d'une bougie, brillant dans la pénombre, contribuera, au moins au début, à assurer notre calme intérieur en nous envahissant d'une chaleur douce et rassurante. Un état de veille excluant toute fatigue ou simple lassitude sera exigé, faute de quoi il y aura risque de s'assoupir ou même de s'endormir après quelques instants. C'est pourquoi on recommande les moments de meilleure disponibilité qu'on situe généralement entre dix-neuf et vingt-et-une heures.

Mais il est encore plus difficile de satisfaire aux exigences d'ordre mental, car l'oubli de sa propre personnalité, l'absence de toute animosité envers celui qui consulte, le désintéressement total et la volonté exclusive d'assister ne vont pas de soi. Il n'empêche qu'en matière de prédictions, la réussite est de l'ordre de quatre-vingt pour cent, mais chez un certain nombre de médiums seulement. Bien entendu, les messages reçus doivent toujours être compris comme des aides, des conseils, et non comme des sentences irrévocables. Nous avons eu l'occasion d'exposer précédemment que la trace du destin ne nous empêchait pas de disposer d'une autonomie propre à infléchir les conjonctures de notre existence.

LES DIFFÉRENTES MÉDIUMNITÉS

Distinguons à présent les différents types de médiumnités parmi les plus répandues. La liste suivante n'est assurément pas exhaustive.

1. Les sujets médiums par intuition, *sans* apport d'objets:
   - la transe, l'hypnose et la voyance pure.
2. Les sujets médiums par intuition, *avec* apport d'objets:
   - la psychométrie (photos);
   - les sujets médiums en voyance, au toucher d'objets divers;
   - les sujets médiums en voyance, au toucher de la personne.
3. Les sujets médiums par intuition motrice:
   - les médiums écrivains;
   - les médiums peintres.
4. Les sujets médiums verbaux:
   - les médiums parlants.
5. Les sujets médiums visuels:
   - la cartomancie;
   - l'astrologie;
   - la chiromancie.

Nous allons examiner la spécificité de la plupart de ces médiumnités dont aucune, en raison de sa correspondance avec tel type de pensée, ne se manifeste indifféremment.

La transe

Parce que le médium et celui qui entre en transe ignorent désormais toute intervention de la raison logique, se ménageant ainsi un champ de vision plus large, l'expérience peut comporter certains risques. Une tierce personne sera d'ailleurs là, qui rapportera les faits puisque l'expérimentateur n'en conservera aucun souvenir.

En effet, l'être immatériel du voyant, dégagé de la matière en général et de son corps physique en particulier, pénètre dans l'astral. Sa vision, libérée des limites spatiales et temporelles, s'en accroît d'autant, au point que sa faculté de compréhension et d'interprétation des événements proches ou lointains donne une fausse impression d'état surnaturel. Notons que, entièrement laissé à lui-même, l'expérimentateur ne peut influencer la qualité de la voyance et que, le subconscient traduisant les images reçues avec une extrême sensibilité, la concentration sur un seul ordre d'idées à la fois produira la vision.

A la différence de *l'hypnose* que le magnétiseur provoque, la transe, de caractère le plus souvent inné, s'opère spontanément suite à un relâchement de l'esprit qu'une certaine ambiance peut favoriser. Il arrive pourtant que la volonté du sujet lui-même ou la fixation d'un point lumineux y suffisent.

La voyance proprement dite

Le médium, parfaitement conscient, la réalise volontairement, sans support matériel et à la seule demande du consultant. Pratiquée de manière désintéressée et dans une intime et fraternelle compréhension, la voyance tend à obtenir des messages de l'au-delà et à entrer en rapport avec nos parents et amis décédés, avec les esprits bénéfiques plus particulièrement.

Vous êtes dans un endroit calme et silencieux à souhait. En vous recueillant et vous détachant des contingences de la vie, vous recherchez la détente physique et mentale pendant plus ou moins quinze minutes. Par la prière intérieure et authentique, vous solliciterez alors l'assistance pour autrui. C'est donc à la faveur d'une semi-incorporation que vous parviendront de l'infini, et à vous seul, les précieuses révélations relatives à un seul consultant à la fois.

Votre prière, réfléchie et cohérente, ne peut solliciter une aide impossible ou contraire à votre idéal de vie. La confiance en Dieu ou dans le principe universel préside à l'invocation de l'esprit protecteur. Une sensation de plus grande force aussitôt ressentie, vous consignez ou faites consigner la communication obligatoirement directe et précise, qui débute souvent par la description de son inspirateur, un être cher et décédé.

Relativement peu répandue, la faculté de voyance donne confiance en soi et dans l'avenir, assure le bien-être mental que traduisent calme et bienveillance.

Un jour de juin 1985, nous avons reçu la visite d'un couple. Le mari semblait particulièrement anxieux et fermé. La femme, plutôt fébrile, présenta la photo d'un homme dans la soixantaine, décédé depuis quelques années, et dont elle nous pria de traduire l'opinion quant à l'état présent du conjoint ainsi que d'obtenir l'assistance. La photo était superflue, car nos consultants étaient à peine assis que l'entité apparut en retrait d'eux. Elle nous relata aussitôt des événements surprenants, traversés de la folie hypocondriaque de l'homme. Recommandation nous fut faite de n'en rien rapporter aux intéressés, de dégager le malade et d'inviter sa compagne à revenir la semaine suivante sous prétexte qu'elle avait un problème personnel dont il fallait débattre.

Lorsque, le matin du jour convenu, elle se présenta, l'esprit réapparut et l'instruisit par notre intermédiaire: “Chère X, les nouvelles concernant ton mari ne sont pas bonnes. Il ne peut plus vivre sans soins parce que son esprit s'égare chaque jour davantage. C'est pourquoi, sa maladie mentale inéluctablement incurable nécessitera bientôt l'entrée en clinique. Son état de prostration va s'accentuer. Dans un an environ, il y aura eu une première tentative de suicide. Quelques semaines plus tard, tout en t'assurant de dispositions financières qui te préserveront, il te préviendra de son incapacité de se survivre. De fait, il se suicidera.”

Nous en sommes restés bouche bée.

Au fil des mois durant lesquels le mal empirait, nous avons revu régulièrement Madame X et, en août 1986, le destin avait inexorablement achevé son cours...

La psychométrie

Le médium doit rechercher un état de lucidité entraînant non pas l'hypersensibilité de ses sens au monde extérieur, mais un tel surcroît de réceptivité mentale que ses ondes psychiques vont s'accorder à celles du consultant, par l'intermédiaire d'un esprit harmonique et fécond, **avec une photo** pour support principal.

Les spirites utilisent uniquement des photos de personnes décédées afin d'obtenir des messages d'ordre exclusivement spirituel.

Cette forme de voyance avec support a des exigences propres.

On s'adresse à un ami ou à un groupe d'amis que la pratique du spiritisme intéresse, afin d'obtenir une photo, la plus récente possible, de quelqu'un de décédé et inconnu de nous, qui y figure seul. Glissée dans une enveloppe, elle restera dans un tiroir pendant une semaine environ, à l'abri de la lumière et des manipulations.

Préalablement muni d'une feuille de papier et d'un crayon, dans le silence et le recueillement requis, on est à présent confortablement assis à table, la photo devant soi, de part et d'autre de laquelle on pose les mains bien à plat. Paupières closes, on respire lentement mais sans effort, pendant dix minutes environ. On regarde ensuite l'entité figurant sur la photo, avec conviction, sans forcer toutefois.

Puis, après avoir profondément inspiré, on souffle doucement sur la photo jusqu'à totale expiration. Afin que nos fluides censément positifs y prennent la place des nocifs, on s'y reprendra à deux ou trois reprises en ne négligeant pas de faire tournoyer le souffle.

Dès que la respiration est redevenue normale, on prend la photo dans la main gauche, la droite restant libre pour écrire. De légers picotements aux extrémités des doigts ou, mieux, des vibrations au travers des mains manifesteront, mais non nécessairement, un bon contact.

Afin d'en capter les fluides psychiques, on glisse doucement les doigts sur la photo jusqu'à ce que les images affluent. Notons toutes les visions et sensations, même celles qui semblent incohérentes. Nous en tirerons des conclusions que la personne de qui on tient la photo vérifiera dès lors qu'elle connaît fort bien l'esprit du défunt. Et nous serons en mesure de les contrôler nous-mêmes si nous pouvons travailler en sus la photo de ses proches également disparus. Si on n'en recevait pas d'images précises, quelques questions posées mentalement tendraient à obtenir confirmation de la première voyance: “De la personne ici présente, êtes-vous le parent? Le père? La mère? Le frère? La sœur?”, “Comment êtes-vous décédé? Chez vous? A l'hôpital?” et enfin: “Avez-vous un message à communiquer?”

On remet enfin la photo accompagnée de la transcription du message dans l'enveloppe, en n'oubliant pas de remercier Dieu et les esprits supérieurs.

Lorsqu'il s'agit de ***voyances qui ont des objets divers ou la personne qui consulte comme supports,*** on touche en prenant en mains dans le premier cas, en tenant les mains dans le second.

Ici, on invoque l'esprit, non du consultant, mais de ses proches en disant: “Vous qui désirez aider, venez apporter votre soutien et votre message.” Là, il s'agit de l'esprit du propriétaire de l'objet, dont on mentionnera le prénom dans la formulation.

Un certain Monsieur X, ouvrier d'usine, vint un jour nous consulter. Nous avions décidé d'utiliser la psychométrie. Plusieurs photos nous le montraient suffisamment agité et instable pour commettre des erreurs sur le plan familial et sentimental. De fait, la voyance montrait une épouse et un fils, une famille unie certes, mais tourmentée par le comportement de l'homme. Une autre photo nous révéla le mépris où il tenait ses beaux-parents. En approfondissant, nous avons décelé la haine qu'en retour ceux-ci lui vouaient pour son manque de respect conjugal, notamment. Nous avons perçu d'autre part, une sorte de travail occulte qui empêchait le garçon d'envisager clairement sa situation. Il nous confirma ce sentiment en nous expliquant que sa belle-mère était une sorcière nuisant à tous les membres de son entourage jusqu'à les tenir à sa merci.

Nous nous efforcions de le mettre en confiance et de le persuader de l'inexistence du pouvoir qu'il lui prêtait. A chaque nouvel entretien, il devenait plus calme, plus assuré, si bien qu'aujourd'hui il assume pleinement ses responsabilités familiales. La voyance psychométrique lui a révélé la faiblesse de croyances anciennes en même temps qu'elle le révélait à lui-même.

Ceci montre que, afin d'être informés des besoins matériels dont nous sommes largement tributaires, certains médiums recourent également à des photos de vivants sans que la qualité des messages d'ordre spirituel ne s'en ressente.

D'une durée maximale d'une heure, le travail,

dans la réussite duquel il faut avoir pleine confiance, a lieu de préférence entre dix-neuf et vingt-et-une heures, dans une pièce calme dont la température ambiante varie entre dix-huit et vingt degrés. Il est bon de prévoir une baguette d'encens naturel.

La photo, vieille de moins de deux ans, ne doit représenter que la personne désignée. Un découpage de groupe serait inutile puisque des auras étrangères subsisteraient. A défaut de photo, une mèche de cheveux ou un objet familier fera l'affaire.

Trois bougies allumées forment la pointe d'un triangle équilatéral de trente centimètres de côté, dont le sommet est orienté au nord et la base parallèle à vous. La figure devra se confondre avec cette autre coupée dans du papier et sur laquelle on aura porté la date de naissance servant à établir numérologiquement le chiffre de base de l'intéressé.

Le travail se trouvera renforcé par la pose d'une petite pyramide telle que décrite précédemment, avec un côté de la base toujours orienté au nord.

Confortablement assis, les paupières closes et les mains posées sur les genoux, paumes tournées vers le haut, on invoque l'assistance des esprits auprès de Dieu et on s'épure de toute préoccupation autre que la guérison, l'amélioration morale ou le discernement attendus. Il est possible que, pendant la méditation, on perçoive des bruits insolites, craquements de bois ou coups frappés.

Ressentir une présence à ce moment indique que le contact est établi avec l'esprit.

Commencez alors par calmer, en passant sur le

Projection plane de l'ensemble triangle-petite pyramide

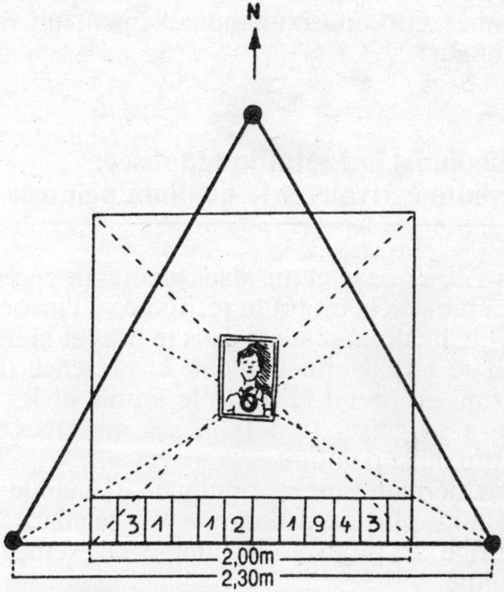

Calcul du chiffre de base ou nombre de destinée:
3 + 1 + 1 + 2 + 1 + 9 +4 + 3 = 24 = 2 + 4 = 6.

front de la personne photographiée l'index de la main gauche, qui le frotte ensuite pendant plusieurs minutes, puis mettez-y celui de la main droite en vue de guérir.

Sollicitez l'esprit de rendre présente telle personne née le... et dont le chiffre de base est le... et invoquez à nouveau l'assistance divine. Vous regardez attentivement la photo afin de visualiser parfaitement tous les traits de l'assisté et vous vous représentez un intense rayon lumineux, de couleur rouge, sorti de votre chakra de la voyance et aboutissant au sien.

Rappelons ici que procéder de manière malintentionnée entraîne immanquablement un effet boomerang.

Les médiums par intuition motrice: le médium écrivain et le médium peintre

Après s'être relaxé et mis dans un état de réceptivité accrue, excluant toute résistance à l'incorporation, le médium ressent dans le bras et la main dont il se sert habituellement, la présence d'un esprit qui en prend le contrôle absolu et les actionne à sa guise, traduisant ses messages par l'écriture ou la peinture.

Cette dernière, moins pratiquée, demande des dispositions plus particulières car la régularité du trait exige un mouvement ample et exempt de contrainte.

Plus répandue et plus directe, l'écriture permet une compréhension immédiate. Le style et le fond du message révèlent le type d'esprit manifesté: les tromperies, par exemple, appartiennent aux esprits inférieurs. Des indications supplémentaires sont apportées par la manière de transcrire: à l'envers, en commençant par la fin, dans une langue inconnue du médium, directement à la main et parfois si vite que cela ne semble pas naturel, avec la planchette montée sur roulettes et percée d'un trou par lequel passe le crayon. Ici, le repos de la main libère le graphisme de la résistance au frottement.

L'intuition motrice est susceptible de deux démarches. Dans un cas, le message inspire le médium juste avant la projection que le doute, engendré par la conscience, pourra dès lors altérer. Dans l'autre cas, plus rare parce que caractéristique de plus grandes aptitudes médiumniques, la totale ignorance et la spontanéité de ce qu'on écrit ou peint, autorisent une activité simultanée, comme de s'entretenir avec quelqu'un.

Le médium parlant

Le médium empruntant la voix de l'esprit, la sienne propre s'en trouve complètement modifiée. Il lui arrive même de s'exprimer dans une langue inconnue de lui. Toutefois, si le mode d'expression émané de ses structures mentales n'était pas respecté, il prononcerait certains mots et énoncerait certaines phrases fort difficilement.

La cartomancie

Afin de prédire des événements proches et précis, de nombreux médiums visuels pratiquent la voyance avec, comme support, des cartes à jouer normales, confectionnées par eux, ou des tarots de toute origine.

Chaque jeu comporte une théorie à respecter car, du domaine – le plus souvent sentimental ou pécuniaire – dans lequel le consultant interroge, dépendent les modalités de disposition sur table.

Les plus connus sont le tarot de Marseille, utilisé par les professionnels, et le tarot Lenormand.

Le premier requiert une faculté d'analyse d'autant plus grande que seul un nom évoque le dessin colorié de chaque carte. Dans le second, le petit texte qui explique chaque carte par rapport aux autres, n'empêche cependant pas un usage inspiré.

Ces deux jeux peuvent être combinés: on répartira alors entre eux les différents champs d'investigation.

Nous n'avons cité l'*astrologie* et la *chiromancie* que pour mémoire, leur spécificité obligeant à des développements dont l'ampleur dépasse le cadre du présent ouvrage(1).

(1) Voir *Le Guide Marabout de la Cartomancie* (GM 19), *L'ABC de l'astrologie* (GM 26) et *Le Dictionnaire de l'astrologie* (MS 388).

DEUXIÈME PARTIE

LES PROTECTIONS

CHAPITRE I

CAS DE POSSESSION ET D'ENVOÛTEMENT

Pour qui ne reconnaît pas l'existence des phénomènes occultes, la possession se confond avec la pathologie mentale. La diversité de ses manifestations empêche davantage encore le profane de reconnaître la possession. Et la seule preuve d'une affection mentale authentique est apportée quand le patient ne ressent d'aucune sorte la présence d'une identité qui supplante la sienne et que des examens radiologiques ou des prélèvements confirment des lésions ou des carences. Dans les autres cas, l'occultiste dispensera son aide au moyen d'une étude avisée et persévérante.

Etant entendu qu'il existe autant de possessions que de catégories d'esprits, nous en distinguerons principalement deux: ***l'obsession simple*** et ***l'obsession mentale.*** Celle-ci revêt des formes particulièrement sournoises, insolites et complexes du fait que toutes les perversions humaines sont exactement reproduites dans la catégorie des esprits qui œuvrent ici. Les esprits supérieurs, quant à eux, ne s'autorisent la possession qu'envisagée comme une épreuve à surmonter en vue de notre salut.

L'OBSESSION SIMPLE

Parce que relevant des esprits frappeurs et télékinésistes (qui déplacent les objets), ses effets sont souvent contrôlables, puisque audibles dans un cas, et visibles dans l'autre.

Les esprits frappeurs

Nous qualifierons ***les esprits frappeurs*** de grossiers ou d'inférieurs en raison de la persistance de leur attachement à la matière qui préoccupe d'ailleurs la majorité des vivants. On les reconnaît à leur habitude de provoquer des bruits, du vacarme même, uniquement à partir d'objets inertes comme les meubles et les murs. Bien qu'ils ne touchent jamais ces objets, ils arrivent à créer des sons parfaitement identiques à ceux des coups qui y sont portés, en ajustant leurs pensées aux fluides ambiants, nécessairement médiumniques.

On objectera que de tels faits se produisent aussi dans des familles qui ne se connaissent aucun médium. C'est oublier qu'il en est de naturels, ignorés d'eux-mêmes comme des autres. C'est pourquoi, en notant patiemment les présences et les absences aux heures où les phénomènes se produisent et ne se produisent plus, on identifiera la personne qui les cause involontairement. Il pourra s'agir d'un enfant même fort jeune. L'esprit d'un adulte qui s'y est le plus souvent réincarné, a perdu tout ou partie de ses précédents acquis à l'occasion de sa désincarnation, c'est-à-dire de son passage dans l'au-delà, afin de pouvoir progresser affectivement et intellectuellement dans un contexte terrestre neuf; ce dont attestent les médiumnités.

Si le médium découvert décide de les contrôler par la *concentration*, il pourra supplanter et chasser l'esprit frappeur, venir à bout de sa ténacité en lui démontrant l'inutilité de son entreprise, tant pour lui-même que pour la personne qu'il obsède. Un magnétiseur chevronné, qui élève sa pensée vers Dieu, l'y aidera.

On aura le plus souvent recours à un *médium écrivain* qui décèlera les véritables *intentions* de l'esprit.

Les séances nécessaires à sa moralisation, nombreuses et difficiles, se tiendront à la même heure. Réparties sur plusieurs semaines, elles seront sollicitées à l'appel de son nom. Si l'argumentation logique n'ouvre pas l'esprit au sentiment de culpabilité, l'examen de ses affections passées, et du préjudice que son comportement actuel porte à ses proches, devrait l'y mener. Car, en lui comme en tout homme, subsiste toujours une parcelle d'amour prompt au réveil. Prenons garde cependant qu'il ne nous abuse en feignant la capitulation et le repentir ou en dissimulant son identité sous un nom imaginaire ou connu de nous: celui emprunté à un parent décédé servirait à entamer notre sérénité.

Si les médiumnités touchent des gens de tout âge, l'alitement et l'impotence de longue durée y prédisposent particulièrement. Comme on ne peut se mouvoir, seul s'anime le psychique qui plonge souvent dans l'astral et dont l'intense émission d'ondes favorise le contact avec les esprits les plus proches.

Le **somnambule** occupe, quant à lui, une place à part. L'état second où le plonge le sommeil, l'abandonne tout à fait aux esprits obsédants qui vont se servir de lui pour impressionner son entourage. Les démonstrations somnambuliques, puisant au fluide vital, altèrent tant sa santé que leur fréquence abrégera sa vie corporelle. La délivrance viendra de la substitution d'un sommeil magnétique au sommeil naturel, encore que la manipulation du possédé à des fins auxquelles il est absolument étranger, démontre le danger de l'opération qui doit être réservée à un magnétiseur expérimenté.

Les esprits télékinésistes

C'est des personnalités affaiblies de ces mêmes somnambules, ou simples, ou introverties, privées de relations, que les ***esprits télékinésistes*** s'emparent le plus aisément. Les mouvements d'objets s'intensifient à mesure que grandissent la crainte, puis la peur, la terreur, insidieusement suscitées aux moments propices et dont se nourrit la possession. Le cercle vicieux que constitue cette triple relation s'explique par le fait que la pleine expression de l'esprit a besoin de la mise en œuvre de forces psychiques et physiques; ce qu'assure la peur de l'insolite, elle-même pourvoyeuse de soumission. Et la concentration sur un même objet, de cette énergie libérée, en décuplera les effets jusqu'à produire des phénomènes spectaculaires, parfois dangereux. Des témoins de bonne foi assurent avoir vu des objets pesants voler d'une pièce de la maison à l'autre et se fracasser contre les murs...

Généralement, les esprits possesseurs ne déplacent que de menus objets et des meubles légers qu'ils conservent sur leur support. Ils se contentent aussi de dissimuler ce dont on se sert régulièrement et s'amusent, soit de notre agacement, soit d'un irrésistible penchant à entrer dans leur jeu. La confiance qui nous gagne en ce cas-ci, impose insensiblement leur présence sournoise et envoûtante. Il s'ensuivra comme une fascination extatique, instigatrice d'actes jugés imprudents et excentriques par autrui.

Prévenu contre cette funeste et mystérieuse influence, on cherchera à s'en défaire mais en vain, car l'esprit nous connaît désormais jusque dans nos tréfonds. Aussi va-t-il successivement satisfaire certains de nos désirs les plus secrets et nous attirer de cuisantes déconvenues, se jouant ainsi des émotions traumatisantes que nous valent ces brusques passages du chaud au froid. On est de nouveau laissé à la perplexité inquiète et au dénuement psychique du début. N'importe-t-il donc pas à l'esprit que son emprise et l'influence critique des autres n'interfèrent?

Pour affranchir définitivement le possédé, on agira comme envers les esprits frappeurs, mais en prenant grand soin d'une conscience qui, pour lui échapper, n'en sera pas moins malmenée par le possesseur. Le guide spirituel modulera son assistance tout au long de l'épreuve: telle intervention trop tardive ne préviendrait pas des dommages corporels que le déchaînement de la force contestée pourrait occasionner; la précocité de telle autre risquerait de déclencher la folie chez l'assisté.

L'OBSESSION MENTALE

Les esprits dont elle procède reflètent exactement la mentalité des êtres en qui ils étaient jadis incarnés. Ils la perpétuent dans un au-delà qui les sèvre et les torture. Aussi cherchent-ils à investir des vivants qui leur ressemblent et leur donneront, par l'intermédiaire du périsprit, le moyen d'assouvir concrètement des penchants communs, petits et grands, de les accentuer même. Ils s'insinuent insidieusement, sans coup férir, pour subjuguer tout à fait. Nos jugements, de la validité desquels nous restons naturellement convaincus, ne sont en fait que des intuitions inoculées, donnant lieu à des initiatives aussi malencontreuses qu'inévitables.

Ces esprits minoritaires mais agissants, également inférieurs sous l'angle de la moralité et matérialistes, sont de plus pourvus d'une malice toute consciente et se refusent au rachat. Le danger vient de ce que, préoccupés de ne pas être reconnus ni a fortiori confondus, ils insufflent la pensée dans les fondements mêmes de la conscience tout en se gardant de la modifier formellement. L'aisance à produire la pensée, apparemment innée, et le succès de ses réalisations nous confortent dans la poursuite de raisonnements en apparence logiques et pourtant absurdes et aliénants.

Les causes

Les esprits supérieurs sont seuls capables de nous préciser les raisons pour lesquelles semblables possessions existent et touchent tel ou tel. Contentons-nous de les situer dans la chaîne de l'évolution spirituelle.

Notre présence ici-bas postule une évolution, dont la poursuite est soumise au franchissement d'obstacles spécifiques que l'oubli de nos vies antérieures, et de leurs fautes, rend inexplicable. Le "Qu'ai-je donc fait pour mériter cela?", qui porte à invoquer malchance et fatalité, rend bien cet état d'incompréhension. Les esprits obsédants se trouvent, pour leur part, dans la situation où ils subissent les épreuves expiatoires dès avant la réincarnation. Ils s'y complaisent, privés de lumière, et ne sont dès lors pas encore en mesure de progresser.

Contrairement aux autres, ces esprits-ci oeuvrent incognito et non par le truchement de médiums. Pour les reconnaître, il suffira d'observer attentivement le comportement physique et psychique de leurs victimes: la logique et le bon sens nous feront découvrir leurs errements. N'arrive-t-il pas, par exemple, que d'aucuns, négligeant de se nourrir correctement, dépérissent à vue d'oeil?

Envoûtement et exorcisme

La complexité de ce type de possession, que nous qualifierons d'***envoûtement***, oblige le magnétiseur averti à extirper de l'anonymat la personnalité de l'esprit obsédant, contraint de s'exprimer et susceptible, par suite, de moralisation. A vrai dire, il s'agit moins d'exorciser que de saisir les traits d'un caractère que nous savons insatisfait d'avoir été arraché à la vie terrestre et à ses jouissances.

Le recours à l'écriture médiumnique ne suffisant plus, on constituera une équipe d'au moins cinq expérimentateurs dont deux médiums voyants plutôt qu'un, un interrogateur et le préposé à la transcription des questions et des réponses. Ce *groupe spirituellement homogène* demeurera tel quel, le temps que durera l'expérience. Tout changement de personne, la dissolution, bien sûr, entraîneraient un échec certain, de même que la présence de curieux ou l'absence du possédé.

Pour une bonne tenue des séances, on choisira à nouveau un endroit qui préserve des perturbations de toutes sortes, du bruit et des va-et-vient notamment. Une maison sera à cet effet préférée à un appartement. On conviendra aussi d'une heure fixe qui, chaque fois, sera impérativement respectée.

Lorsque le groupe est constitué et le lieu choisi, vous décidez de tenir la première séance la veille d'un week-end, soit un vendredi soir, afin de poursuivre plus aisément le lendemain et le surlendemain, au besoin la semaine suivante. Chaque réunion débutera à dix-neuf heures pile et s'achèvera à vingt-deux heures, car trois heures de travail suffisent.

Dans la pièce moyennement éclairée, il y aura une table de forme quelconque, cinq chaises, de quoi écrire, de l'eau et du sel magnétisé, quelques bouteilles d'eau pour se rafraîchir et pas de tabac, un symbole hautement représentatif comme la croix et un recueil de prières divines qu'à la suite du préposé à leur lecture, l'assemblée répétera à haute voix, en commençant par les plus significatives de ses convictions. Après un moment de méditation silencieuse, toujours à haute voix, vous invoquerez la protection des esprits supérieurs, nos guides spirituels, collectivement d'abord, à tour de rôle ensuite(1).

On en arrive maintenant au stade où la réunion va prendre sa véritable signification, après que les mains aient formé la chaîne d'amour et de charité, dans un recueillement d'environ deux minutes. Le médium désigné se lève en silence et magnétise la personne obsédée en imposant les mains de part et d'autre de la tête. Il laisse son

(1) L'ensemble des techniques visant à obtenir l'intervention des bons esprits relève de la ***magie blanche***. De s'investir dans les forces du mal afin de nuire est préjudiciable à celui qui s'adonne à la ***magie noire***. Il est toujours fait usage, en magie, de supports à caractère ésotérique.

Terme d'occultisme, "pentacle" signifie étymologiquement "étoile à cinq branches". En raison de leur puissance évocatrice, les ***pentacles*** servent à nous protéger et à nous guérir des maux les plus divers. C'est pourquoi, ils seront travaillés au moyen de la prière et du pouvoir magnétique d'un médium résolu à nous aider. Leurs signes, volontiers dessinés à l'encre de Chine, sur du parchemin végétal ou animal, sont dotés chacun d'un pouvoir bien précis. Les lettres sacrées de la Kabbale et le triangle qui symbolise la force y apparaissent donc fréquemment. Parce que les pentacles sont des protections personnelles, ils ne se prêtent ni ne se donnent et, de préférence, seront portés sur soi.

Le cuivre de médailles et leur revers aimanté ajouteront aux ondes de forme qui émanent des pentacles gravés. Tenu dans la main droite pendant trente minutes environ, notre ***talisman*** se trouvera saturé de fluides magnétiques.

énergie y pénétrer jusqu'à ce qu'il ressente la présence de l'esprit à qui il ordonne de se manifester. Cette ouverture sur l'astral le permet précisément.

A un être aussi imparfait, il convient de tenir un langage aussi ferme et précis que courtois dans le ton, car un manque de doigté indispose toujours l'interlocuteur et complique la relation.

La voix ou l'écriture du seul médium répond à des questions dont l'enchaînement déductif recommande qu'elles aient été préparées à l'avance, cependant qu'elles seront adaptées aux circonstances et à l'imprévu. C'est pourquoi, nous énumérons les suivantes à titre indicatif et nullement impératif ni limitatif.

1 – Esprit, êtes-vous présent et disposé à répondre à nos questions?... Nous vous saluons.
2 – Savez-vous qui nous sommes?
3 – Savez-vous pourquoi nous sommes là?
4 – Voyez-vous un inconvénient à ce que nous discutions?
5 – Nous ne sommes pas ici pour vous nuire, au contraire. Pouvez-vous donc nous aider?
6 – Nous désirons vous aider et vous soulager de votre fardeau. Voulez-vous nous écouter?
7 – Depuis combien d'années êtes-vous esprit?
8 – Etes-vous seul(e) là où vous êtes?
9 – Comment vous appelez-vous? (sous réserve du nom éventuellement donné)
10 – Dans votre dernière expérience, étiez-vous aimé(e)?
11 – Etiez-vous quelqu'un de connu?
12 – Etiez-vous heureux(se) dans cette vie?
13 – Si oui: Quelle était la raison de ce bonheur?
Si non: Quelle était la raison de ce malheur?
14 – Etiez-vous marié(e)?
15 – Aimiez-vous votre époux(se)?
16 – Vous a-t-elle(il) apporté fidélité et bonheur?
17 – Vous a-t-elle donné des enfants?

ou: En avez-vous eu des enfants?
18 – Combien?
19 – Avez-vous vécu tout ce temps avec elle(lui)?
20 – Qu'est-elle(il) devenu(e)?
21 – Comment s'appelait-elle(il)?
22 – L'avez-vous revu(e) depuis?
23 – L'aimez-vous encore?
24 – Essayez-vous de la(le) rejoindre?
25 – Avez-vous des reproches à lui faire?
26 – Pouvons-nous vous aider? Si oui: Comment?
27 – Vos enfants sont-ils décédés aussi?
28 – Ont-ils été de bons enfants?
29 – Vous ont-ils apporté de la joie dans la vie?
30 – Vous ont-ils aimé(e) tout au long de votre vie?
31 – Y a-t-il eu des problèmes importants entre vous?
32 – Les avez-vous revus depuis?
33 – Savez-vous ce qu'ils sont devenus?
34 – Etes-vous resté(e) seul(e) à la fin de votre vie?
35 – Comment avez-vous vécu matériellement?
36 – Aviez-vous un métier? Si oui: Lequel?
37 – Avez-vous revu des êtres chers devenus esprits?
38 – Si oui: Etiez-vous heureux(se) de les revoir?
39 – Vous sont-ils facilement visibles?
40 – Aimeriez-vous qu'on fasse appel à eux?
41 – Pourront-ils vous aider?
42 – Voulez-vous qu'on demande d'intercéder en votre faveur?
43 – Savez-vous que nous comprenons vos misères, votre état actuel?
44 – Pouvez-vous comprendre le mal que vous faites à ce(tte) malheureux(se), en l'obsédant?
45 – Savez-vous que nous désirons l'aider tout comme vous?
46 – Savez-vous que vos destinées ne sont pas liées?
47 – Pouvez-vous éprouver de la peine, de la pitié, envers les autres?
48 – Pouvez-vous ressentir de la douleur à ne pas être compris(e)?
49 – Pouvez-vous ressentir la souffrance de la personne que vous opprimez?

50 – Pouvez-vous ressentir celle de ses proches?
51 – Pouvez-vous comprendre sa douleur d'être incompris(e)?
52 – Pouvez-vous essayer de vous mettre dans sa situation?
53 – Aimeriez-vous y demeurer?
54 – Aimeriez-vous revivre vos malheurs?
55 – Seriez-vous capable de laisser à cet(te) homme(femme) le soin d'affronter ses propres problèmes?
56 – Auriez-vous cette générosité que vous auriez souhaitée pour vous-même?
57 – Comprenez-vous la nécessité de laisser les vivants à leur propre monde?
58 – Comprenez-vous que tous les vôtres s'inquiètent et s'indignent de votre comportement?... Maintenant, élevez votre pensée vers ceux que vous aimez... Elevez-la maintenant vers Dieu qui vous aidera.
59 – Ressentez-vous le bonheur des illuminés?... Dirigez-vous vers Dieu... Rendez-vous compte que la vie terrestre n'est qu'un passage que vous devez désormais franchir.
60 – Rendez-vous compte de votre chance d'avoir le bonheur là, à votre portée?... Allez en paix, dans l'amour de l'Infini.
61 – Ressentez-vous le bien-être?
62 – Vous sentez-vous attiré(e) vers la lumière?
63 – Voyez-vous les bons esprits venir à vous?
...

Mis en confiance par une patiente sollicitude, l'esprit a dévoilé le mobile de ses intentions à l'égard du possédé. On entreprend alors de l'amender comme s'il s'agissait d'un vivant, par la persuasion et non par la ruse que sa clairvoyance aurait tôt fait de percer.

Une transcription absolument fidèle des réponses permet d'évaluer son niveau intellectuel. Accompagnée de l'annotation de leurs tons diversement neutres et animés, elle permet de déceler mieux encore ses sentiments, ses mensonges, omissions et contradictions. Particulièrement instructives à cet égard sont les appréciations qu'il porte sur ce qu'a été ou aurait dû être sa vie terrestre, sur la vie corporelle en général.

En fin de séance, vous invitez fermement et poliment l'esprit à se retirer. L'intérêt que vous lui manifestez l'incitera à répondre à votre demande de se représenter le lendemain.

Le travail se trouve donc interrompu par le dégagement total de la personne subjuguée, dont l'apaisement viendra des passes magnétiques et de l'imposition des deux mains sur la tête. On aura veillé, en même temps, à ce qu'elle ne se sente pas mal. Après les remerciements pour l'aide et la protection obtenues, elle s'en va prendre du repos alors que vous restez, après un moment de détente, à dresser le bilan de la réunion, qui doit notamment décider de l'opportunité d'insérer de nouvelles questions pour la prochaine soirée.

Tout au long de cette deuxième séance, vous ne cesserez de restituer le vocabulaire et le style des réponses annotées de leurs intonations, afin de vérifier qu'on n'a pas affaire, cette fois, à un esprit importun, à un imposteur. Vous essayerez de savoir aussi si les conseils d'hier ont été bien entendus.

La troisième séance, en principe la dernière et la plus importante, devra absolument aboutir à ce que l'esprit s'engage, par un serment solennel, à abandonner immédiatement ses pouvoirs de possession. La conscience du danger que la pratique du mal représente pour son propre avancement spirituel l'y aura d'autant mieux conduit que votre désintéressement et votre confiance dans l'Infini auront pu réveiller sa sensibilité et le sens de la fraternité, contribuant ainsi à l'affranchir d'une sorte d'autisme. Des remerciements réitérés clôtureront le travail. Et les jours suivants, vous prierez encore l'au-delà d'accorder que la personne délivrée et l'esprit surmontent leurs épreuves.

Nous dirons, pour conclure, que cette méthode, dont le pragmatisme a été vérifié depuis longtemps, n'est exclusive d'aucune autre. En aucun cas sectaire, elle s'inspire simplement des principes mystiques fondés sur l'amour de l'Absolu, de qui tout nous semble procéder, et sur les élans spirituels qui le sustentent.

La suggestion

Moins immédiatement spiritualiste que le *grand exorcisme,* la procédure suivante repose sur la **suggestion** qu'auront préparée deux ou trois magnétisations consistant en passes rapides, allant de la tête jusqu'à l'épigastre, le long de la colonne vertébrale, et en impositions de la main droite sur la nuque, de la gauche sur le front. En cours d'opération, vous vous entretenez avec le sujet afin de découvrir ses préoccupations essentielles. Convenez ensuite d'un ou de plusieurs rendez-vous censés correspondre aux moments de trouble qu'occasionne l'influence dont il se plaint.

Après avoir décidé par vous-même et avec discernement d'un sujet de conversation dont le niveau, supérieur à celui de ses pensées habituelles, ne l'empêche pas de s'y intéresser, le jour venu, vous lui déclarez: “Nous allons attendre que quelque chose se passe avant de commencer.” Et vous amenez habilement le propos envisagé afin que de nouvelles vibrations mentales établissent la disharmonie avec l'influence pernicieuse.

Le procédé réussit neuf fois sur dix à condition que la cause des troubles soit bien étrangère au patient lui-même.

S'il lui arrive d'interrompre l'entretien pour se plaindre de ce qu'il ressent, dégagez-le au moyen de passes ininterrompues. Priez-le ensuite de suivre intensément le mouvement très lent, de la forme d'un cercle de cinq centimètres de diamètre, que vous imprimez à l'objet brillant présenté à ses yeux. En même temps, suggestionnez avec force: "Vos paupières vont s'alourdir. Vous allez ressentir comme des picotements dans les yeux. Votre regard va se voiler. Vos paupières deviennent pesantes. Vos yeux vont se fermer." Répétez lentement et d'une voix basse, puis ajoutez: "Vos paupières sont lourdes. Quand je dirai 7, vous ne pourrez plus tenir vos yeux ouverts. 1, 2, 3, 4, 5, 6, 7: à présent, vos yeux se ferment; ils se ferment; vous avez sommeil."

Sitôt les paupières closes, vous chargez magnétiquement au moyen de passes lentes allant de la tête jusqu'au creux de l'estomac, tout en poursuivant vos suggestions verbales et mentales: "Vous avez sommeil. Vous avez sommeil. Vous vous endormez profondément. Le sommeil vous envahit. Chacune de mes paroles contribue à vous endormir. Vous dormez, vous dormez." Vous étant placé derrière lui, vous posez votre main droite à plat sur le côté droit de sa tête inclinée et, symétriquement, la main gauche, chaque index appuyant un peu sur l'oeil correspondant. Vos suggestions s'accentuent alors du rythme des syllabes et du martèlement des consonnes: "Vous-DoR-Mez. Vous-DoR-Mez, etc." Comme elles se poursuivent sans discontinuer, c'est instantanément que vous revenez devant le sujet pour mettre vos mains à plat sur sa tête. Avec les pouces qui se rejoignent au milieu du front, vous décrivez vers l'extérieur deux arcs de cercle. Et vous continuez: "Quand j'aurai dit 7, vous tom-be-rez dans un sommeil plus profond. 1, 2, 3, 4, 5, 6, 7: vous dormez profondément, rien ne peut vous éveiller, vous allez dormir de plus en plus profondément." Répétez deux ou trois fois.

Prenez le poignet droit du sujet dans votre main droite et affirmez: "Maintenant, vous êtes bien endormi. Rien ni personne, excepté moi, ne pourra vous réveiller. Dormez, dormez pro-fon-dé-ment." Renforcez le sommeil et vérifiez-le comme exposé ci-dessus, à propos de l'hypnose totale.

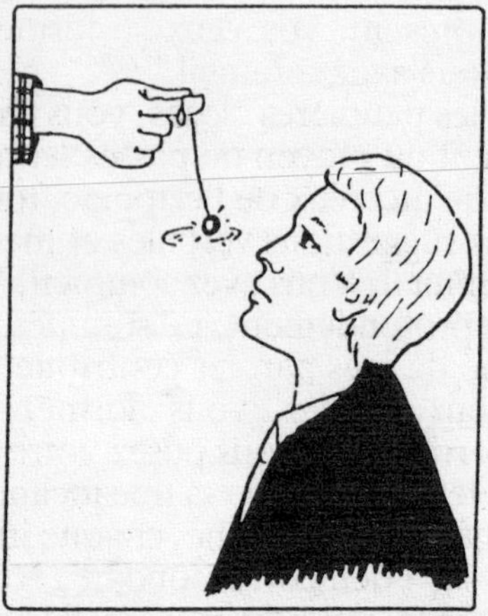

Le sujet soumis à l'expérience doit suivre intensément le mouvement très lent que vous imprimez à l'objet brillant présenté à ses yeux.

Vous étant placé derrière lui, vous posez votre main droite à plat sur le côté droit de sa tête inclinée et, symétriquement, la main gauche, chaque index appuyant un peu sur l'œil correspondant.

C'est instantanément que vous revenez devant le sujet pour mettre vos mains à plat sur sa tête. Avec les pouces qui se rejoignent au milieu du front, vous décrivez vers l'extérieur deux arcs de cercle.

CHAPITRE II

UN JEU: LA NUMÉROLOGIE

Notre **NOM**, parce qu'il nous symbolise dès la naissance, s'identifie à nous, dit-on, au point de receler les tendances développées en cours d'existence et que la numérologie, ou science des nombres, aide à découvrir.

Cependant, à moins qu'on en privilégie la représentation écrite, c'est la prononciation habituelle de notre nom qui nous influence surtout, exclusivement même jusqu'à l' âge de cinq ans. La fréquence des vibrations sonores qu'il produit revêt donc plus d'importance que celle de chacune de ses lettres, représentée par un nombre. Il va de soi que le "a" d'"Amélie", par exemple, n'a pas la même traduction vocale que celui d'"Aurore".

De là, convenons-en, la relativité de la méthode qui, sous peine de simplisme, réclame approfondissement et pondérations. Comme la configuration des aspects entre planètes le jour de notre naissance, elle ne sera, en tout état de cause, qu'indicative de ces tendances que notre vigilance renforcera ou jugulera, c'est selon.

D'entrée de jeu, attribuons à chaque lettre son chiffre correspondant.

Tableau de correspondance entre les lettres et les chiffres

A	B	C	D	E	F	G	H	I
J	K	L	M	N	O	P	Q	R
S	T	U	V	W	X	Y	Z	
1	2	3	4	5	6	7	8	9

Nous énumérons les chiffres qui représentent toutes les lettres de notre nom. Chacun d'eux va évoquer une caractéristique profonde de notre personnalité. A titre d'exemple que nous conserverons pour les besoins de l'exposé, prenons MARC AURIVE, né le 10-04-1943.

M A R C A U R I V E

4 1 9 3 1 3 9 9 4 5

La grille de base, ci-dessous, situant exactement les chiffres allant dc 1 à 9,

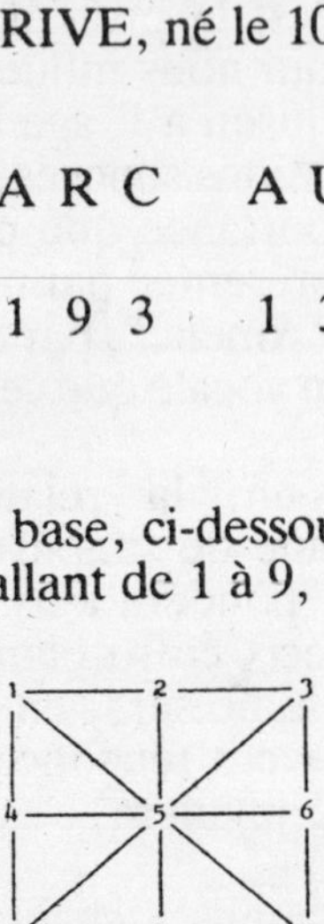

Grille de base

inscrivons-y leur fréquence d'apparition dans le nom de Marc Aurive.

Grille "MARC AURIVE"

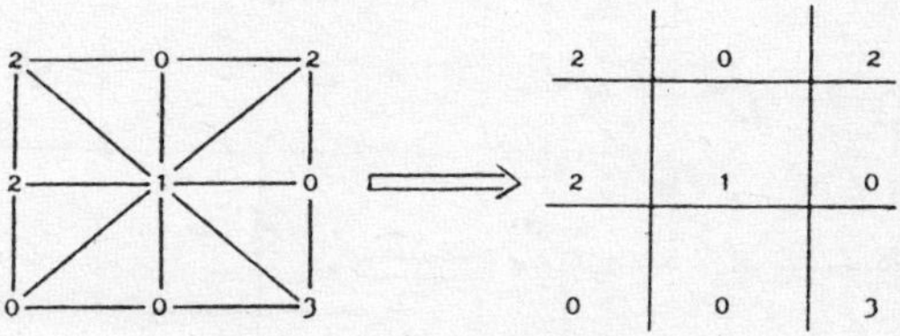

Le chiffre	1 apparaît	2 fois;
le	2,	0 fois (manquant);
le	3,	2fois;
le	4,	2 fois;
le	5,	1 fois;
le	6,	0 fois (manquant);
le	7,	0 fois (manquant);
le	8,	0 fois (manquant);
le	9,	3 fois (dominant).

Puisque *les chiffres dominants et manquants* sont le fondement de la numérologie et facilitent l'analyse de base, nous envisagerons le nom de Marc Aurive sous le rapport du chiffre dominant, le 9, et des chiffres 2, 6, 7 et 8, dont l'absence dans le relevé constitue autant d'obstacles à surmonter.

Pour ce qui vous concerne, inscrivez maintenant vos prénom et nom dans les cases adéquates...

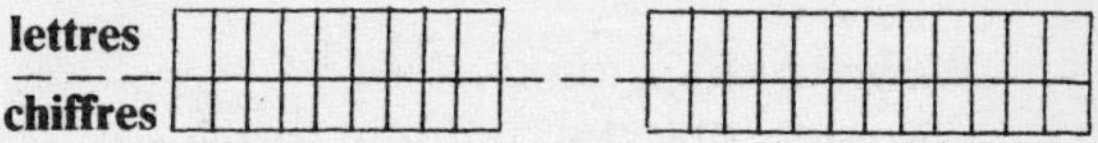

Et établissez votre grille...

Grille personnelle

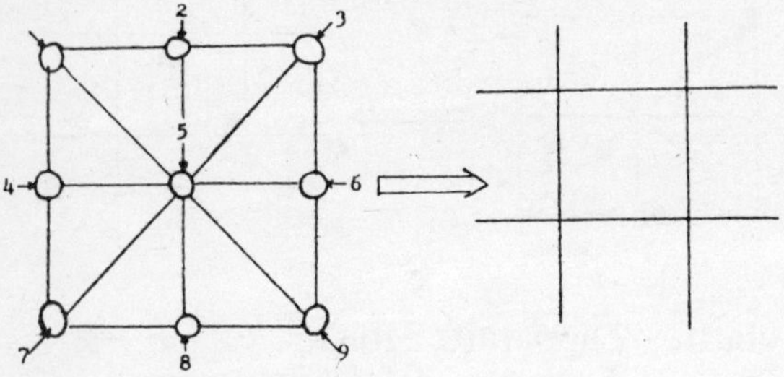

que vous interpréterez à l'aide des significations suivantes.

– ***Nombre 1*** : maîtrise
manquant: manque de confiance en soi;
dominant: volonté, autorité.

– ***Nombre 2*** : association
manquant: individualisme;
dominant: esprit de coopération.

– ***Nombre 3*** : sociabilité
manquant: défaut d'adaptation;
dominant: entregent.

– ***Nombre 4*** : réalisation
manquant: désorganisation et instabilité;
dominant: facilité d'ordre et d'organisation.

– ***Nombre 5*** : mobilité
manquant: sédentarité;
dominant: goût pour les voyages et la découverte.

– ***Nombre 6*** : harmonie
manquant: union et entente difficiles;
dominant: sens de la famille, amour et amitié.

– ***Nombre 7***: vie intérieure
manquant: manque de compréhension et d'ouverture d'esprit;
dominant: curiosité, recherche; idéalisme.
– ***Nombre 8***: réalisation matérielle
manquant: inefficacité dans le domaine du concret;
dominant: efficacité, réussite matérielles.
– ***Nombre 9***: altruisme
manquant: égoïsme;
dominant: dévouement, générosité.

Quant à notre **DATE DE NAISSANCE**, nous en prenons tour à tour le jour, le mois et l'année, en nous rappelant qu'en numérologie, on ne tient compte que des neuf premiers nombres, de 1 à 9, le 0 étant exclu. Tous ceux supérieurs à 9 sont ramenés à un des neuf premiers.
Exemple: 15 = 1 + 5 = 6: le nombre 15 sera représenté par le chiffre 6.

1) ***Le jour de notre naissance***
– les 1, 10, 19, 28, soit 1 : désirs réalisés;
– les 2, 11, 20, 29, soit 2 : ne jamais entreprendre seul;
– les 3, 12, 21, 30, soit 3 : succès;
– les 4, 13, 22, 31, soit 4 : argent;
– les 5, 14, 23, soit 5 : voyages ou changements;
– les 6, 15, 24, soit 6 : harmonie sentimentale;
– les 7, 16, 25, soit 7 : instruction, stabilité;
– les 8, 17, 26, soit 8 : réussite rapide;
– les 9, 18, 27, soit 9 : mariage difficile, vie publique.

2) ***Le mois***

– janvier	: succès dans les entreprises;
– février	: prédisposition au mariage;
– mars	: vie en société;
– avril	: malchance;
– mai	: sexualité;
– juin	: respect de la parole donnée;
– juillet	: études;
– août	: goût pour le travail;
– septembre	: réalisations difficiles;
– octobre	: activité;
– novembre	: combativité;
– décembre	: création.

3) ***L'année***

Reprenons l'exemple de Marc Aurive, né le 10-04-1943:

1943 = 1 + 9 + 4 + 3 = 17 = 1 + 7 = 8.

– 1	: action;
– 2	: mariage;
– 3	: réussite;
– 4	: travail;
– 5	: changement;
– 6	: amour;
– 7	: indépendance;
– 8	: succès matériel;
– 9	: réussite sociale.

Les années de transition

Chaque lettre de nos prénom et nom influence les années à venir de notre existence. Pour mieux entreprendre, pour mieux nous assumer, il est important d'en connaître les bonnes et mauvaises passes.

Dressons la table ch nologique de Marc Aurive, né le 10-04-1943:

M	***1943***	M	1953	M	1963	M	1973	M	1983	M	1993
A	1944	A	54	A	64	A	74	A	84	A	94
R	45	R	55	R	65	R	75	R	85	R	95
C	46	C	56	C	66	C	76	C	86	C	96
A	47	A	57	A	67	A	77	A	87	A	97
U	48	U	58	U	68	U	78	U	88	U	98
R	49	R	59	R	69	R	79	R	89	R	99
I	50	I	60	I	70	I	80	I	90	I	2000
V	51	V	61	V	71	V	81	V	91	V	1
E	52	E	62	E	72	E	82	E	92	E	2...

En regard de l'année qui nous intéresse, figure toujours une lettre qui l'influence: par exemple, “R” pour 1989. Et la signification donné à chaque lettre permet de caractériser l'année considérée.

- **A:** modification avantageuse, progression dans tous les domaines, regain de dynamisme;
- **B:** problème de santé, période financière difficile, sentiments problématiques;
- **C:** année constructive, changements agréables;

- **D:** mauvaise santé avec problèmes familiaux;
- **E:** progression matérielle et sentimentale, amélioration de la santé;
- **F:** année de transition et à responsabilités, santé d'un proche délicate;
- **G:** querelle sentimentale; tout aspect financier positif;
- **H:** année sans grand changement par rapport aux précédentes alternances;
- **I:** attention à la santé et (ou) à l'accident, mésentente ou séparation;
- **J:** triomphe sur tous les plans;
- **K:** succès dans les entreprises, excès de tension et de nervosité;
- **L:** succès favorisés, chance;
- **M:** difficultés financières avec forte nervosité, année négative sur tous les plans;
- **N:** année nouvelle sur le plan sentimental ou changement favorable dans les contacts;
- **O:** réussite modérée dans tous les domaines;
- **P:** rupture d'une relation cachée, problèmes à tout point de vue;
- **Q:** affaires prospères et succès financiers, bonne santé, force mais instabilité;
- **R:** santé et finances en déclin, toutes tentatives amoureuses à éviter, n'envisager ni mariage ni mise en ménage;
- **S:** évolution favorable, regain d'énergie;
- **T:** satisfaction d'ensemble;
- **U:** gros problèmes d'argent, sentiments troublés;
- **V:** protection accordée aux entreprises personnelles ainsi qu'aux proches;
- **W:** année sans grand changement par rapport aux précédentes alternances;

– **X:** bon sur le plan intellectuel, contrairement au reste;
– **Y:** peu de satisfaction, plutôt un temps de réflexion et d'analyse;
– **Z:** danger pour le foyer, avec succès dans les autres domaines.

La chance au jeu

La numérologie permet encore de déterminer les chiffres qui nous favorisent dans les jeux, grâce aux calculs du jour de la naissance, du chemin de vie, du nombre unique et du nombre intime.

1) ***Calcul du jour de la naissance***
Marc Aurive est né un dixième jour: 10 = ***1.***
Dans ce cas, le chiffre 1 indique aussi le jour recommandé pour jouer.

2) ***Calcul du chemin de vie ou nombre de destinée***
On tient compte de la date de naissance dans son entièreté.
Marc Aurive est né le 10-04-1943: 1 + 4 + (1 + 9 + 4 + 3) = 22 = 2 + 2 = ***4***.

3) ***Calcul du nombre unique*** par l'addition du nombre actif, du nombre héréditaire et de celui représentant le chemin de vie.
Reprendre le tableau des lettres chiffrées.
a) *le nombre actif* (consonnes du prénom):
M A ***R C***: 4 + 9 + 3 = 16 = 1 + 6 = ***7***.
b) *le nombre héréditaire* (consonnes du nom):
A U ***R*** I ***V*** E: 9 + 4 = 13 = 1 + 3 = ***4***.
c) *le chemin de vie* (déjà calculé): ***4***.

Le nombre unique est donc: 7 + 4 + 4 = ***15*** (ne pas réduire).

4) ***Calcul du nombre intime*** (voyelles du nom):
A U R ***I*** V ***E***: 1 + 3 + 9 + 5 = 18 = 1 + 8 = ***9***.

Combinaison possible: 2 – 20 – 29, car

– nombre unique =	15 ou 1+5=		6
– chemin de vie =	4		4
– jour de la naissance =	1		1
– nombre intime =	(+) 9		(+) 9
	29=2+9=11=1+1=**2**		**20=2**

Les chiffres personnels de Marc Aurive sont donc:
15 – 4 – 1 – 9 – 2 – 20 – 29.

D'autres significations

Au moyen du tableau de correspondance entre lettres et chiffres, on peut encore trouver les nombres relatifs à différents segments de notre personnalité. Une table d'interprétation, fondée sur l'adaptation de la symbolique universelle des chiffres au domaine envisagé, nous est donnée dans les ouvrages spécialisés(1).

(1) Frédéric MAISONBLANCHE, *Connaissez-vous par la numérologie,* (Marabout Service n° 1426).
Kris HADAR, *La Numérologie du caractère: clef de la connaissance de soi,* Mortagne, 1987.

De même pour le ***nombre de destinée***. A ce propos, on sait que les calculs astrologiques se basent essentiellement sur les caractéristiques de la naissance: date, ascendances et personnalisation. En retenant l'hypothèse selon laquelle l'espace reproduirait indéfiniment la géométrie des nombres, on saisit d'emblée la relation qui existe entre l'astrologie et la numérologie. Le ***4*** qui traduit la naissance de Marc Aurive, signifierait ici la voie austère et sûre d'une réussite fondée sur le sens de l'organisation.

Le ***nombre d'évolution personnelle*** se dégageant du prénom usuel, à MARC correspond, ainsi qu'à BERNARD, DOMINIQUE, GERARD, JEAN-PAUL, PIERRE, YVES, COLETTE, MARTINE, THERESE et autres, le chiffre ***8*** (4 + 1 + 9 + 3 = 17 = 1 + 7) qui est, en l'occurrence, celui du commandement et de l'entêtement.

On peut aussi obtenir le ***nombre d'hérédité*** en tenant compte, cette fois, de toutes les lettres du patronyme. Notons que pour une femme mariée, c'est son nom de jeune fille qui importe. A AURIVE, correspondra encore le chiffre ***4*** (1 + 3 + 9 + 9 + 4 + 5 = 31 = 3 + 1) désignant un esprit besogneux et ordonné, aux vues parfois étroites.

La somme des deux précédents donne le ***nombre de la personnalité***. MARC AURIVE a donc le chiffre ***3*** (8 + 4 = 12 = 1 + 2), porteur d'affection, de talent reconnu, et dont le triangle parfait symbolise, depuis toujours, l'équilibre entre une donnée initiale (1) et son contraire (2). Sera pris dans son entièreté, le nom qu'une femme mariée ou un enfant adopté a pris l'habitude de composer en adjoignant celui du mari, ou de l'adoptant, au sien propre. On privilégiera aussi un pseudonyme dominant.

Un tableau renseignera sur la confrontation des nombres de la personnalité, présageant ainsi les types de relations interindividuelles. L'entente sera donc parfaite entre 1 et 2 qui donnent 3; davantage encore entre 3 et 3 dont la somme des triangles, l'un spirituel et l'autre matériel, forme l'étoile à 6 branches, symbole de l'harmonie et de l'amour terrestres.

Quant aux ***nombres de chance personnelle***, ils peuvent être obtenus, le premier par l'addition des voyelles du prénom et du nom, le second par celle de leurs consonnes.

Pour MARC AURIVE,

– l'un sera dès lors: 1 + 1 + 3 + 9 + 5 = 19 = 1 + 9 = 10 = ***1***;

– l'autre: 4 + 9 + 3 + 9 + 4 = 29 = 2 + 9 = 11 = 1 + 1 = **2**;

– le nombre particulièrement bénéfique: 1 + 2 = ***3***.

A l'occasion des jeux de hasard, on combinera avantageusement les deux premiers nombres, particulièrement en fin de numéro: **12**, 21, 11, 22, ...

CHAPITRE III

LES CHAKRAS

Vue de profil

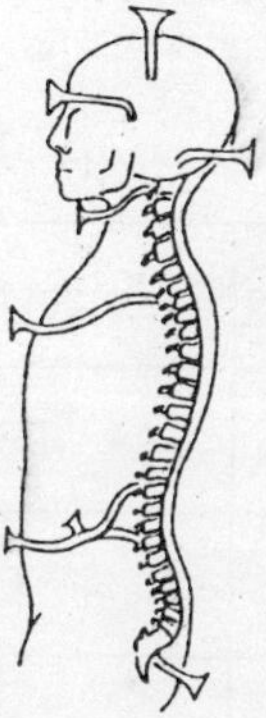

1 - chakra du coccyx
2 - chakra du nombril
3 - chakra du plexus solaire
4 - chakra du cœur
5 - chakra de la gorge
6 - chakra des yeux ou de la voyance
7 - chakra de la tête ou de la spiritualité
8 - chakra de la nuque

Vue de face

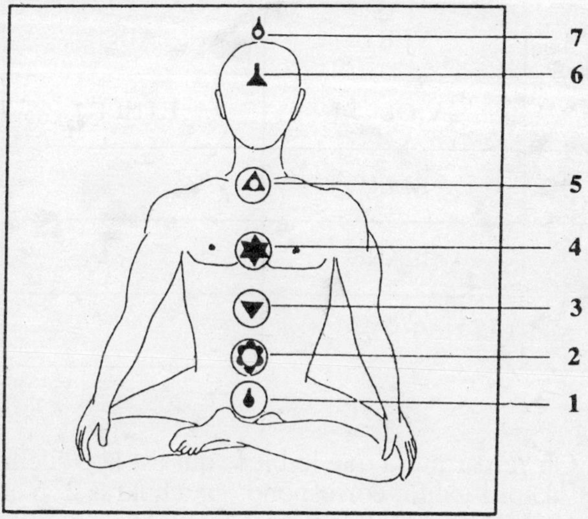

Ce mot hindou signifiant “roue”, il s’agit de roues d’énergie situées près des centres vitaux corporels et ouvrant sur l’esprit et le périsprit.

A chaque chakra correspond une **couleur**, parfois plusieurs, et aux cinq premiers, un élément fondamental.

Chakra	Couleur correspondante	Elément fondamental
1	JAUNE	TERRE
2	BLEU	EAU
3	GRIS/ROUGE	FEU
4	VERT	AIR
5	VIOLET	ETHER
6	BLEU	
7	BLANC	
8	BLEU/VERT/BLANC	

On remarquera que le bleu, qui est la couleur de la spiritualité, correspond aux chakras 2, 6 et 8; le vert aux 4 et 8; le blanc aux 7 et 8.

Propriétés curatives des couleurs

Relevons d'abord que, d'une manière générale, certaines couleurs particulièrement vives comme le rouge, l'orange et le jaune, stimulent le physique et le mental alors que d'autres, moins chaleureuses, les apaisent.

- Ainsi, le ***rouge***, activant le feu interne, combat les refroidissements du corps et excite le système nerveux. Il est donc déconseillé aux personnes hypertendues, colériques, hystériques et souffrant de troubles mentaux.
- L'***orange***, particulièrement harmonieux, tonifie la sexualité et a une action antispasmodique.
- Le ***jaune***, composé du rouge et du vert, dans la conception orientale, en équilibre les propriétés respectives.
- Le ***vert***, calmant et rafraîchissant, purifie le sang et aide à surmonter les troubles de l'esprit.
- Le ***bleu*** que crée, du point de vue oriental, un égal mélange de vert et de violet, assure une bonne circulation sanguine et calme la nervosité. Mieux, il encourage à la paix, à la méditation et favorise l'intuition.

La prédominance de certaines couleurs, la discrétion ou l'absence d'autres, peuvent, en raison de la disharmonie de notre environnement, accentuer et provoquer les déséquilibres responsables des maladies. Une chambre, déjà, paraîtra plus petite et fatigante ou plus grande et reposante suivant qu'elle aura été peinte en jaune, en orange, en rouge, ou en vert, en bleu, en violet. L'orange ou le rouge de ses murs nous la rendront physiquement plus chaude et le bleu plus fraîche.

Il est attesté que la carence en rayons ultra-violets due à la claustration peut entraîner des troubles nerveux assez graves; que les rayons du même type, d'un bleu-violet caractéristique, soignent l'hépatite du nourrisson.

La couleur de nos vêtements aussi affecte généralement notre santé et nos émotions.
Le ***rouge*** peut être utilisé pendant de courtes périodes, pour nous aider à fournir des efforts physiques comme à l'occasion de compétitions sportives, pour nous donner de l'appétit ainsi que la force de combattre les agressions de la vie.
L'***orange*** fixe l'esprit, nous met bien dans notre peau et augmente notre attrait sexuel.
Le ***jaune***, quant à lui, revitalise les nerfs et le cerveau dans les épreuves affectives et intellectuelles.
Le ***vert*** et le ***gris***, en particulier le vert pâle, sont conseillés en période de troubles affectifs profonds et mentaux. Ils ne doivent pas être portés trop longtemps.
Le ***bleu*** et le ***violet*** aident à trouver la sérénité, à installer l'harmonie entre le corps et l'esprit. Le bleu surtout révèle notre niveau de spiritualité. Mais le porter trop longtemps engendre une grande fatigue.
Le ***blanc*** permet à notre entourage de nous percevoir tels que nous sommes. Il fait de nous un centre d'attraction.

Mais, en plus de leur influence, les couleurs peuvent révéler des états pathologiques, comme dans l'aura. De même, quand nous magnétisons une bouteille d'eau pour un malade, nous reconnaissons les organes affectés à certaines couleurs qui s'y trouvent: le rouge désigne le coeur, le vert le foie, le blanc les poumons, le noir les reins. Si le jaune évoque particulièrement la rate, il se rapporte également au foie, à la vessie, au sang et aux états fiévreux.

Donc, chaque couleur révélée au magnétiseur en appelle à tel ou tel chakra et évoque, par delà, telle ou telle affection systématique ou organique qui requiert, pour son traitement, l'usage d'une couleur spécifique, parfois de plusieurs. On pourra l'expérimenter à partir du yogisme qui l'enseigne en évidente liaison avec la perception des auras et leur interprétation[1].

Chakras	Troubles correspondants	Couleurs à utiliser	Durées
1	Désordres du sang, inflammations du foie et de la vessie;	JAUNE	
	fièvre		30'
	maux de dents		15'
	hémorroïdes		10'
	prostate		10'
	arrêt des règles		15'
2	Manque de vitalité, fatigue, neurasthénie, oedèmes, diabète, anémie;	ORANGE	
	diarrhée		30'
	ulcères		15'
3	Faiblesse du cœur, problèmes circulatoires, d'ossification, arthrose, arthrite, anémie;	ROUGE	
	troubles digestifs		10'
	problèmes de sang		20'

(1) Voir Gérard EDDE, *Les Couleurs pour votre santé,* éd. Dangles.

Chakras	Troubles correspondants	Couleurs à utiliser	Durées
4	Désordres nerveux, débilité, inflammations et affections cutanées, constipation, alcoolisme;	VIOLET	
	rhumatismes aigus		30'
5	Troubles endocriniens et de la lymphe, vieillissement prématuré;	INDIGO	
	diabète		15'
	eczéma		10'
6	Refroidissements, maux de gorge, blocages émotionnels;	BLEU	
	maux de dents		10'
	goître		15' ch. j.
		+ 1 verre d'eau magnétisée	
	rhumes		15'
7	Troubles mentaux et émotionnels graves, dépression nerveuse, troubles de la vue, convulsions, alcoolisme;	VERT	
	problèmes de sang		20'
	épilepsie		10'
	fièvre		30'
	poumons		30'
	sinusites		10'
	rubéole		20'
8	Toutes les douleurs + maux de dos et de la colonne cervicale;	VERT/BLEU	
	maux de dents		15'

A défaut de pouvoir visualiser très précisément les couleurs, on disposera d'un échantillonnage de toutes.

La prééminence rappelée du cerveau et l'intercommunication des chakras permettent toutefois l'introduction des couleurs par le chakra de la tête uniquement.

Signalons enfin l'association de certains sons, de certaines harmonies, à certaines couleurs et leur complémentarité thérapeutique: une dépression nerveuse, par exemple, disparaîtra vite à la faveur d'un séjour dans une chambre bleue ou verte qu'emplirait une musique douce et méditative.

D'autre part, la méditation par les couleurs, au cours de laquelle on se les représente telles qu'elles sont dans la nature, peut apaiser et donner une sensation de bien-être.

CHAPITRE IV

COMMENT AMÉNAGER SON MILIEU DE VIE: RADIESTHÉSIE ET RADIESTHOLOGIE

Le choix de notre habitat doit correspondre à la recherche d'un bien-être authentique, non nécessairement matériel d'ailleurs. Le père de la médecine occidentale, Hippocrate, affirmait que l'endroit où vit l'homme joue un rôle important sur sa santé.

La question primordiale portera sur l'existence, dans le lieu, d'ondes néfastes et de points maléfiques. L'aventure physique et psychique de la vie est constamment amplifiée, perturbée, scindée, par d'innombrables influences que nous commençons à peine à discerner. On parle de vibrations, de rayonnements, de micro-énergies et de forces occultes qui nous conditionnent, stimulent ou détruisent et que de nouvelles disciplines comme la géo-biologie, la radiesthologie, explorent. S'y référer donnera l'occasion de parler aussi de la radiesthésie.

LES QUADRILLAGES COSMO-TELLURIQUES OU RÉSEAU HARTMANN

Le professeur Hartmann a démontré l'existence d'un réseau tellurique qui forme une grille sur l'ensemble de la planète. Les vingt à vingt-cinq centimètres de largeur des lignes qui le constituent, distantes par ailleurs d'environ deux mètres trente dans le sens est-ouest et de deux mètres dans le sens nord-sud, séparent les champs électro-magnétiques. Les points géopathogènes se situant aux intersections de ces lignes, l'intensité de leur champ de rayonnement tellurique ne se trouvera plus compensée par le rayonnement cosmique naturel dès lors que l'amplifie l'action nocive de matériaux radioactifs, dépôts de surface compris, d'accidents géologiques, crevasses, failles, gisements, cavernes, galeries, cours d'eau souterrains.

Puisqu'une polarité positive ou négative affecte les points selon qu'ils sont propices ou non à la santé, un séjour prolongé sur ces derniers, dits "de mort", qui exposent à des perturbations vibratoires, entraîne un dérèglement glandulaire et tissulaire. Migraines, nausées, vertiges et insomnies le manifestent d'abord, de même que les modifications de la tension artérielle et du pouls. La perturbation du système nerveux qui s'ensuit souvent, constitue une sonnette d'alarme. La faiblesse ou l'épuisement augmentent alors les prédispositions aux maladies les plus graves comme le cancer. La fonction ou l'organe le plus faible cède souvent en premier.

On saisit, dès lors, toute l'importance des lieux de travail et de séjour, de l'emplacement du bureau ou de la machine, du lit surtout, qui expose davantage notre sensibilité aux atteintes de l'environnement immédiat et de l'orientation duquel il a toujours été débattu.

Certains radiesthésistes en décident sur base de deux critères. En ce qui concerne les personnes en bonne santé physique mais souffrant d'insomnies, d'angoisses et de dépression, il convient d'orienter la tête du lit vers le nord, le pied vers le sud. C'est seulement aux malades que l'orientation à l'est de la tête, côté soleil levant, est recommandée afin de disposer le corps à une meilleure réparation et le psychique à un meilleur état. En cas d'échec, le changement de chambre s'impose.

Les plantes et les animaux peuvent servir à tester quelque endroit de la maison. Si une plante, bien que soignée, y dépérit, on est en présence d'ondes néfastes. Quant à l'animal, on ne l'enfermera certes pas dans une pièce en attendant de voir. On le laissera aller çà et là: son coin de prédilection sera celui où les ondes sont les plus bénéfiques et en dépit de quoi la maison elle-même représente un danger pour la vie, s'il vient à s'affaiblir.

L'instinct grégaire de l'homme ne devrait pas l'empêcher d'observer que les fourmis ne construisent pas leurs fourmilières n'importe où, de se rappeler que l'emplacement des pyramides d'Egypte et d'Amérique latine, des temples grecs, des mégalithes celtiques et des statues de l'île de Pâques n'est pas fortuit, que les constructions des anciens Chinois évitaient soigneusement "les veines de dragon", que les Romains adoptaient un lieu où ériger un camp ou une ville uniquement en fonction des résultats de l'autopsie pratiquée sur les moutons qu'ils y avaient laissé paître pendant un an...

Or, il apparaît que notre habitat ne répond plus aux exigences naturelles, mais obéit à des nécessités d'ordre exclusivement économique dont témoignent la dispersion volontaire d'une foule d'énergies, la concentration urbaine et l'hermétisme des constructions.

Les causes de rupture de l'équilibre cosmo-tellurique

Les effets énergétiques suivants, propagés par l'architecture moderne, rompent donc l'équilibre général des *forces cosmo-telluriques* et, en certains lieux, en accentuent le déséquilibre.

1° L'installation de ***champs de courants différentiels*** dus à l'équipement électro-ménager, aux postes de radio et de télévision, aux appareils électroniques, à la lumière.

La proximité de lignes à haute tension, les déperditions de courant, les objets entourant notre sommeil comme le réveil-radio et la montre à quartz, constituent autant d'interférences électriques.

2° Le rayonnement de ***l'électricité statique*** émanant de matériaux comme les moquettes synthétiques et qui contribue à alimenter le stress.

3° ***Le rayonnement du froid et de la chaleur***: une fraîcheur nuisible à la santé et augmentant le besoin en énergie calorifique émane des matériaux hydrophobes et mauvais conducteurs; de bons systèmes de chauffage dégagent une chaleur au contraire homogène, grâce à leurs surfaces verticales et horizontales.

4° A propos des ***rayonnements radioactifs***, notons que les matériaux naturels, à base d'éléments végétaux, en sont moins pourvus.

5° ***Le rayonnement des couleurs***: comme on l'a vu, un agencement non harmonieux nuit; ainsi en est-il d'une chambre à coucher peinte en rouge, qui crisperait les muscles, accroîtrait la tension artérielle et accélérerait les rythmes cardiaque et respiratoire.

6° ***L'énergie chimique*** qui émane des peintures, des isolants, des détergents, des colles, et de leur mise en contact avec d'autres composants.

7° ***La lumière artificielle***: sa phase et son neutre peuvent nuire à l'organisme lors des inversions de fils; c'est pourquoi, les prises de terre aideront à annihiler les effets du rayonnement électrique.

8° ***L'excès d'isolation*** du bâtiment, source de carence en rayons cosmiques.

9° ***Les effets de la cage de Faraday***, à savoir l'interception des phénomènes électrostatiques par l'excès de charpentes métalliques et de béton armé.

10° ***Certaines ondes de forme.***

Il faut également tenir compte des effets produits par les **ions**, atomes porteurs d'une charge électrique d'intensité rythmiquement variable, dont le caractère négatif ou positif est déterminé par les champs électriques environnants. Les ions négatifs nous sont salutaires, les ions positifs néfastes. La qualité de l'air que nous respirons et, par conséquent, notre tonus dépendent donc de la présence des uns et des autres. On le constate particulièrement par temps d'orage qui nous rend fébrile et irritable parce que l'air est trop lourd d'ions positifs. A la campagne, il y a de mille à deux mille cinq cents ions par centimètre cube; en ville, de cent cinquante à quatre cents, et dans nos demeures, de trente à cinquante seulement...

Pour pallier cette carence, il existe des appareils à ionisation fabriquant des milliards d'ions négatifs à la seconde.

Quant à nos vêtements, ils devraient être constitués d'éléments naturels comme la laine, le coton, le lin ou le cuir, au lieu de matières synthétiques qui enserrent le corps d'électricité statique.

LA RADIESTHÉSIE

Description du pendule

Il est constitué d'une masse de quarante grammes environ, suspendue au point d'attache d'un anneau où passer le doigt, par un fil ou une chaînette, longs de plus ou moins vingt centimètres. Les maillons de la chaînette ne sont jamais ronds, mais plats.

Encore que les goûts et les usages varient, la masse ou pendule proprement dit est généralement en forme de goutte. Peu importe sa matière, sauf que l'acier aimanté ne peut convenir et que la démarche thérapeutique recommande du verre

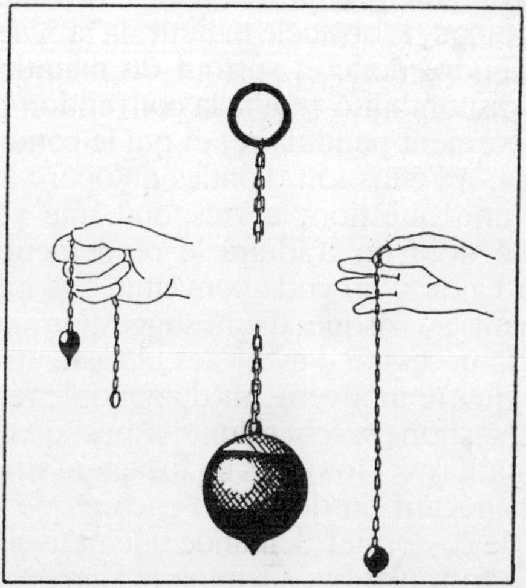

dont le creux contient du mercure. A noter que, pour travailler à l'extérieur, on se sert plus particulièrement du pendule en bois, plus long parce que porteur d'une graduation estimatoire de la profondeur des sources et plus lourd en raison de l'influence du vent.

Son usage

Le pouce et l'index de la main utile retiennent le fil ou la chaînette sans les comprimer et, de préférence, à cinq centimètres de la masse afin d'en avancer le mouvement. Du creux de la main où il passe, on laisse alors pendre le début du dispositif.

Comme la fatigue ôte au mouvement son caractère réflexe, on conserve au poignet sa souplesse, on libère le bras de toute contraction et l'esprit, exclusivement occupé de ce qu'on cherche, de tout préjugé. L'obstacle majeur, la fatigue de l'esprit, viendra donc et surtout du maintien de sa totale disponibilité envers la convention prise sur le mouvement pendulaire, et qui le conditionne.

Ainsi, à l'émission d'ondes qu'opère le fait de poser une question, correspond une réception mentale dont on traduira le rendement pendulaire à l'aide d'un code convenu. Ces inférences confinant au risque d'autosuggestion, on comprend la nécessité d'avoir des idées neutres.

Les quatre mouvements du pendule répondent à des questions *précises* dont l'aspect qualitatif ou quantitatif revêt toujours un caractère strictement positif, négatif ou dubitatif; encore que l'insuffisance de ce dernier demande une nouvelle et différente formulation. Comme la signification des mouvements varie d'un individu à l'autre, chacun doit convenir mentalement de la sienne, sur la base de réponses aisément vérifiables.

Données générales	Conventions mentales	Mouvements du pendule
OUI +	oui plus positif beaucoup plein vrai vivant, etc.	giration vers la droite ↷ giration vers la gauche ↶ oscillation de gauche à droite ↔ oscillation d'avant en arrière ↕
NON –	non moins négatif peu vide faux mort, etc.	idem
PEUT-ETRE +/–	peut-être incertain, neutre, indéterminé, etc.	idem

Soulignez chaque relation entre convention mentale et mouvement obtenu, qu'en raison de possibles changements, vous vérifierez à intervalles réguliers. De là, le caractère personnel du pendule dont on testera le bon fonctionnement avant la prise des conventions: il doit balancer en présence d'une pièce métallique longue, tourner si elle est ronde.

D'autre part, à défaut de réaction du pendule, on l'imprègne de son magnétisme en le prenant en mains. S'il persiste à ne pas réagir, on le démagnétise pendant cinq minutes, en le tenant sous l'eau courante froide; on le remagnétise ensuite de la manière indiquée.

Les témoins

Pour travailler à distance, il est souhaitable de remplacer la personne ou l'objet de la recherche par un substitut appelé témoin.

Pour une personne, ce sera sa photo, une mèche de ses cheveux,... un papier écrit de sa main ou un objet qu'elle a l'habitude de porter. A défaut, on peut constituer un témoin en inscrivant sur un bout de papier, ses nom et prénom ainsi que, si possible, sa date de naissance. Lorsqu'il s'agit de retrouver un objet, on se sert d'un de ses morceaux, de son étui,... ou, à défaut, de l'inscription de son nom.

Le témoin peut se trouver dans le creux de la main qui tient le pendule ou dans l'autre. Il peut aussi être déposé sur la table, à côté de soi. Un creux a été prévu dans la masse du pendule Mermet pour y recevoir une mèche de cheveux, un fragment d'étoffe, un ongle, de l'eau si on en cherche... Quoi qu'il en soit, on recommande de faire en sorte de bien le voir ou le sentir.

Quelques exercices d'entraînement

Vous disposez de quatre *cartes* postales ou de quatre cartes de Zener, des villes ou de motifs différents. Disposez chacune d'elles dans une enveloppe non scellée, de telle sorte que vous ne puissiez pas les reconnaître.

Une fois les enveloppes disposées devant vous après avoir été bien mêlées, vous laissez pendre votre pendule au-dessus de la première et lui demandez si elle contient la carte de telle ville ou portant tel motif. S'il répond "oui", vous mettez la carte de côté et passez à la suivante. Dans le cas contraire, vous l'interrogez sur les autres villes ou motifs jusqu'à ce qu'il réponde positivement. Et ainsi de suite jusqu'à la quatrième. Ouvrez les enveloppes et vérifiez les résultats que vous consignerez sur un carnet de travail afin d'apprécier leur évolution.

Vous pouvez faire de même avec des cartes blanches que vous aurez tachées de différentes couleurs ou avec des *photos* de vos connaissances qui y figurent seules. Après vous être suffisamment exercé à les identifier, vous interrogerez le pendule sur leurs divers états, mais de manière à obtenir encore et toujours des réponses par "oui" ou par "non", assurément vérifiables: "La personne, est-elle en vie?" "Est-elle en bonne santé?" "Est-elle mariée?", etc.

Cette fois, prenez un *verre d'eau* et trempez-y l'index. Demandez à quelqu'un d'aller cacher le verre dans une pièce de la maison, derrière un meuble par exemple. Vous pénétrez dans la pièce et, le pendule à la main, vous vous placez au centre. Ensuite, vous demandez si le verre d'eau se trouve dans la direction que désigne votre main libre. En cas de réponse négative, pivotez légèrement pour désigner une autre direction, et ainsi de suite jusqu'à obtenir le "oui" pendulaire. Il ne vous reste plus, dès lors, qu'à apprendre, de la même manière, quelle distance, puis quelle hauteur vous séparent de l'objet.

On procède identiquement avec n'importe quel autre objet dont on fait cacher une partie, et dont l'autre, qui sert de témoin, est gardée dans la main.

Pour trouver les eaux souterraines

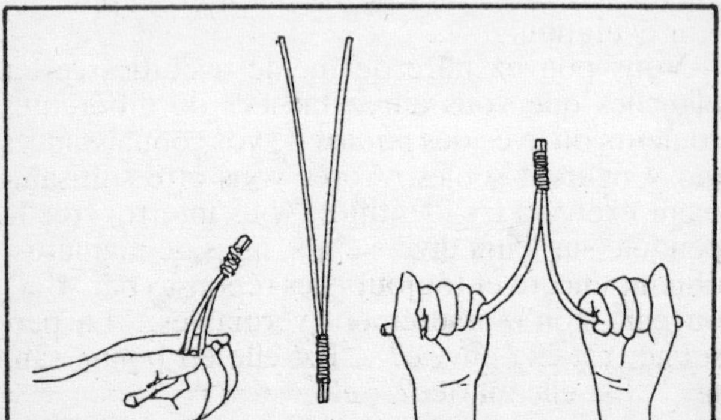

A défaut des moyens classiques de détection des radiations telluriques que sont le pendule, *la baguette de coudrier*[1], la mesure de résistivité de la peau, il existe un appareil de confection rapide, plus spécifiquement destiné à la découverte des eaux souterraines.

Vous pliez comme indiqué sur le schéma ci-après, deux baguettes en cuivre, bonnes conductrices de courant. Le bois peut également convenir.

Une main dans chacune des courbes formées, vous les tenez horizontalement devant vous et écartées d'environ quarante centimètres. Bien entendu, vous les tenez de telle sorte qu'elles puissent tourner comme des girouettes, tantôt vers la droite, tantôt vers la gauche. A l'endroit où se trouve un élément liquide, qu'il s'agisse d'une source, d'une nappe, d'une canalisation d'eau, d'un vieux puits recouvert, d'un gisement de pé-

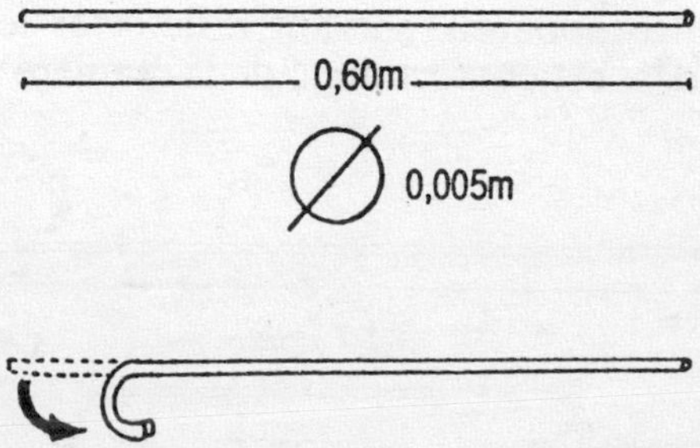

[1]Eventuellement en osier ou même en plastique. Le creux de chaque main retient chaque extrémité des branches bien écartées. La signification des mouvements généralement assez brusques repose, elle aussi, sur des conventions.

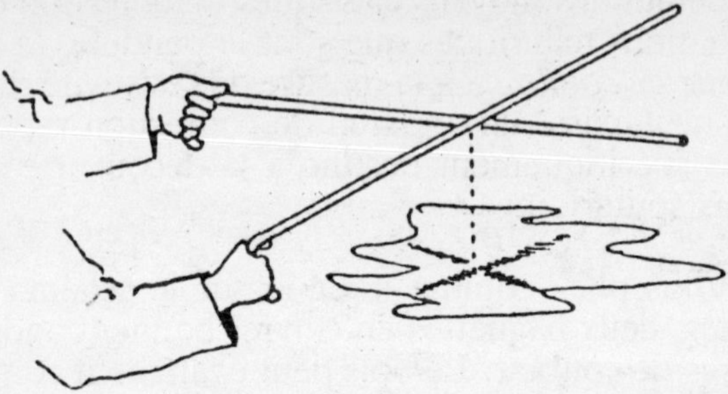

trole même, les baguettes vont se croiser. Pour la profondeur, vous aurez recours au pendule qui offre plus de précision.

Pour détecter les lieux morbides

Un autre appareil, servant à détecter les lieux morbides, est confectionné de la manière suivante.

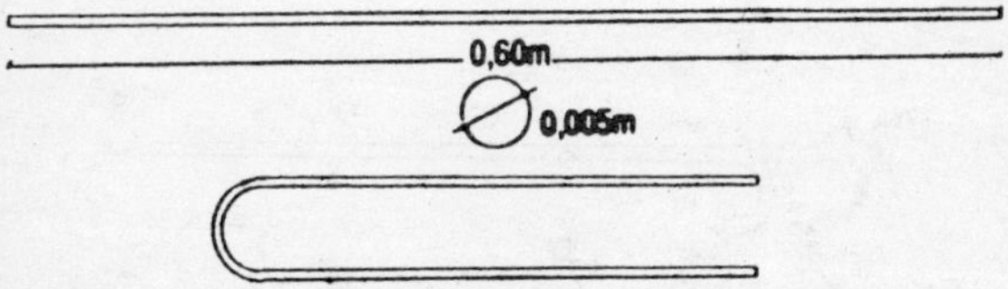

Baguette de cuivre pliée en deux

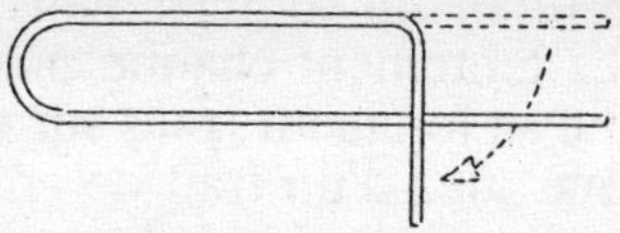

Extrémité supérieure pliée vers le bas de manière à dépasser de ± 0,10 m.

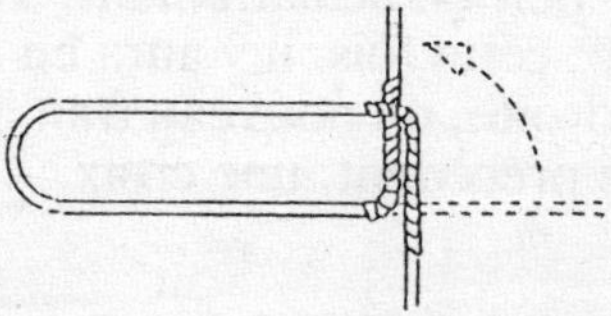

Extrémité inférieure identiquement pliée vers le haut; en hachuré, parties qui, sans se toucher, doivent être couvertes de toile isolante.

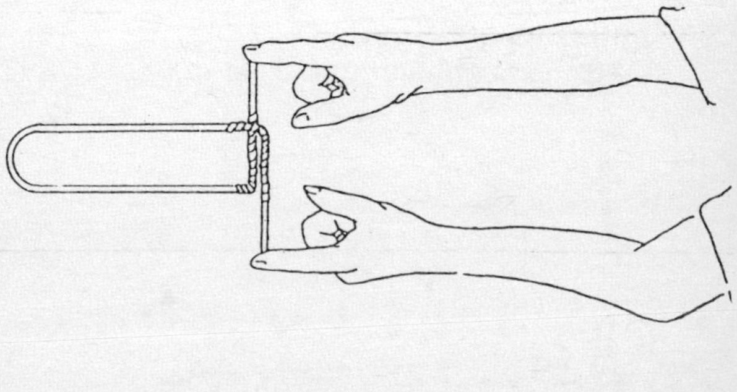

Manière de tenir les extrémités

Comme le ferait un sourcier dans un champ, vous traversez lentement chaque pièce de votre logis, sur toute sa longueur, puis sur toute sa largeur. Vous marquez d'un trait de craie l'endroit où l'instrument, tenu horizontalement sur sa longueur et verticalement sur sa largeur, pivote entre vos index. Selon qu'il aura tourné vers la droite ou vers la gauche, c'est par la droite ou par la gauche que, perpendiculairement, vous reviendrez. Et là où, cette fois, il y aura eu attraction à gauche ou à droite, un nouveau trait de craie formera, avec le précédent, une croix.

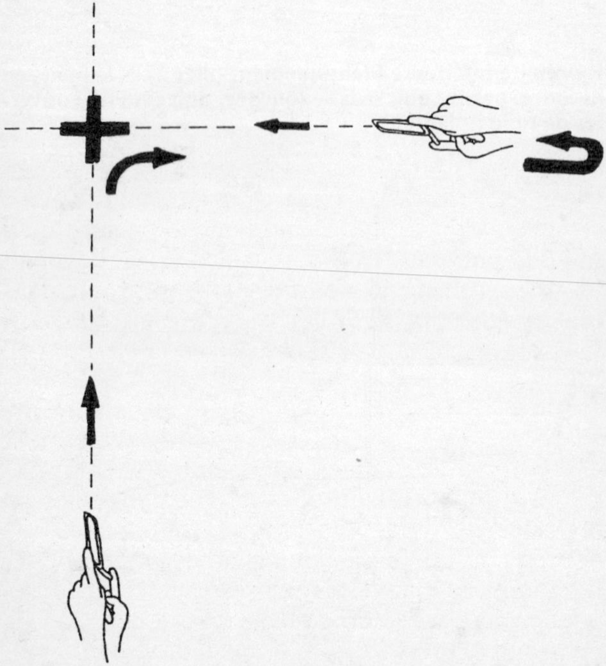

Ainsi, découvrirez-vous tous les points négatifs, plus nombreux qu'on le croit, où il ne faut installer ni lit, ni fauteuil, ni récepteur de télévision que la panne guetterait ou dont le tube cathodique risquerait d'imploser.

Une condensation de courants magnétiques, excessivement forte et persistante, peut rendre mortels des endroits bien précis qu'occupent des sièges et des lits où l'on reste longtemps installé.

Nous avons connu quelqu'un dont le mal ne cessait d'empirer. Le cancer à l'estomac que la médecine avait décelé ne pouvait être enrayé. En désespoir de cause, son fils s'adressa à un radiesthésiste qui, après quelques recherches, localisa une source importante de courant magnétique sous le lit qu'on s'empressa de déplacer. Le malade se rétablit en moins d'un mois, cependant qu'un examen plus approfondi permettait d'établir que deux rivières souterraines se croisaient sous l'ancien lieu de ses souffrances. Du fait que la négativité du fluide augmente à mesure qu'il monte, parvenu au premier étage, il devenait mortel. Afin de le neutraliser, on enfouit dans une tranchée, un fil de cuivre entourant la maison sans la toucher et raccordé à son propre piquet ou prise de terre.

L'installation, dans la cave, d'une plaque de zinc ou de tout appareil ad hoc, le raccordement des masses métalliques importantes à une prise de terre indépendante,... sont recommandés en présence de fluides négatifs, à la fois cause de dépressions nerveuses, de maladies graves, de séparations, de mauvaises grossesses, etc., et conséquence de caractéristiques telluriques, de la proximité d'un pylône ou d'une ligne à haute tension dont il arrive que les fils grésillent, signe de la déperdition de courant que l'on trouve aussi dans une construction trop ancienne ou mal conçue.

Nous en avons connu une toute neuve qui résonna pendant cinq ans des violentes querelles quotidiennement entretenues par ses occupants. Sept autres couples s'y séparèrent successivement, moins d'un an après leur installation, ou déménagèrent à temps. Du fait que les fluides ne se perdent jamais, ceux-ci, négativement émanés de la somme des mésententes, avaient imprégné la demeure, dans tous ses matériaux. C'est ce qu'on appelle “la mémoire des murs” dont on dit communément qu'ils ont des oreilles.

LA RADIESTHOLOGIE

Elle consiste en l'étude des modes de détection des radiations émises dans les demeures et en la mise en œuvre des moyens propres à se préserver des plus nocives.

Le géodynamètre

Orientée pour son usage dans le sens nord-sud, sa règle-antenne porte une graduation allant de –50 à +50[1].

Il suffit de le reproduire soigneusement sur une feuille de papier qu'on collera sur une planchette en contre-plaqué. La giration du pendule s'arrêtera alors sur le nombre correspondant à l'intensité des rayonnements du lieu:
- de 0 à –10 indiquera une zone perturbée;
- de 0 à –20, l'accentuation de son caractère;
- en-deçà de–20, des ondes cosmo-telluriques à fuir ou rééquilibrer au plus tôt, comme typiques du cancer;
- 0 signifiera la neutralité de la zone;
- de +10 à +15, une onde de vie favorable, caractéristique de nombreux anciens sites romains;
- de +15 à +25, une qualité biotique accrue, por-

[1] Elle se trouve dans le commerce, équipée de son système d'amplification. Pour une information complète sur les techniques abordées dans le chapitre, se reporter à B. LEGRAIS et G. ALTENBACH, *Santé et cosmo-tellurisme,* et à Jean-Pol de KERSAINT, *Tout par la radiesthésie,* éd. Dangles.

Face supérieure ou cadran

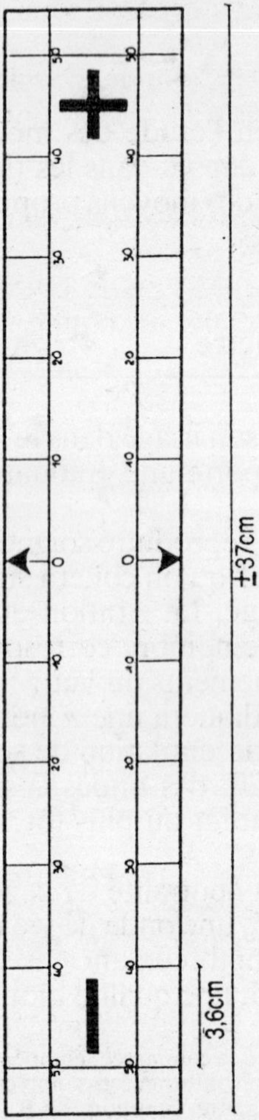

teuse de magnétisme vital;
– de +25 à +35, une intensité privilégiée à laquelle il faut peu s'exposer sous peine d'obtenir l'effet inverse;
– au-delà de +35, l'onde de vie extrêmement puissante des lieux sacrés, fréquentables par les seuls initiés.

Longueur de radiation vitale du corps humain

Elle oscille entre +5 et +15 chez un individu de constitution normale, en bonne santé et dans la force de l'âge.

Elle descend jusque –5 et nettement plus bas même suivant la gravité de la maladie, accusant –35 en cas de cancer et –45 au seuil de la mort.

Un bébé de forte vitalité disposera, à sa naissance, d'un capital-santé de +15.

Quelqu'un dont la longueur de radiation vitale atteint normalement +10, s'affaiblira fort vite en cas de séjour dans une zone marquant –25.

Conditions d'exercice de la radiesthologie

Les exercices de recharge en énergie, c'est-à-dire d'élévation du taux vibratoire, et les travaux au pendule ne s'accommodent nullement du port d'un collier métallique, d'une montre, d'un bracelet, d'une bague, qui ferment les circuits radiatifs, de vêtements et sous-vêtements en fibres synthétiques et contraignants, ni de l'utilisation de parfums autres que naturels, ni de la consommation de tabac.

Moyen de se recharger en énergie

On se tient debout, bien droit et face au nord. Les jambes sont légèrement écartées et les pieds, capteurs d'ondes telluriques, bien appuyés sur le sol. Les bras écartés sont tendus vers le haut et les paumes des mains tournées vers le ciel.

Imaginez-vous être le trait d'union entre les forces telluriques qui vous pénètrent par les pieds, sortes de prises de terre, et les forces cosmiques que vos mains captent comme des antennes. Méditez un instant sur cette conjonction dont vous êtes le centre.

Les mains jointes qui ferment le circuit énergétique s'abaissent alors sur la tête. En frottant fortement l'un contre l'autre les pôles opposés qu'elles constituent, vous obtiendrez l'éclatement des énergies, propagateur d'une sensation envahissante de chaleur.

Vos mains palpent ensuite les énergies qui vous entourent et, s'attardant quelque peu à hauteur du plexus solaire, les y centrent à la faveur d'une profonde méditation.

Cette enveloppe devrait augmenter de volume avec les exercices plus volontiers effectués en pleine nature et face au soleil, de l'énergie duquel vous vous laisserez pénétrer.

Ces exercices n'allant pas sans *la faculté de se concentrer*, le suivant vous aidera à la développer. Les yeux fermés, représentez-vous face à un grand *tableau noir* sur lequel vous écrivez à la craie blanche, lentement et fermement, le chiffre 1. Le début du tracé sera le plus souvent effacé de votre esprit quand vous arriverez tout au bout. Recommencez aussitôt et poursuivez jusqu'à pouvoir visualiser le 1 pendant une minute. Faites de même jusqu'à 9.

Après une huitaine de jours et à raison de trois ou quatre séances par jour, vous serez à même de faire, de la même manière, des additions. Occasionnellement, visualisez les chiffres et, d'autres fois, des mots, sans l'aide de la craie.

D'autre part, comme notre situation actuelle résulte de nos pensées de la veille puisqu'ici comme en tout, le passé explique le présent, c'est aujourd'hui que nous construisons demain en élevant notre taux vibratoire, indispensable pour entrer en résonance avec certains fluides. *L'hygiène et la programmation du mental* y pourvoiront.

L'hygiène consiste à écarter toute pensée négative, pessimiste ou défaitiste. Elle ignore haine et rancune, impose au contraire un amour conscient de s'inscrire dans le plan universel.

Un médecin qui affirmerait à son malade ne rien pouvoir faire pour lui, anéantirait toute chance de guérison. On comprend déjà que la programmation du mental consiste à imprégner son subconscient d'un objectif qui empêchera la dispersion des énergies et se réalisera selon certaines lois. Le conditionnement mental, renforcé par l'appel aux forces cosmiques, augmentera nos vibrations spirituelles.

Rappelons, à ce propos, que la spiritualité est un état intérieur qui, reposant sur la paix et l'équilibre, irradie l'entourage; on y accède grâce au silence extérieur et intérieur, à la recherche dans la connaissance de soi. Et celle-ci se forge bien plus à la faveur de méditations devant mener à un comportement dicté, que par le contrôle de la volonté. Car, plus qu'un enseignement du bien et du mal, la spiritualité est la mesure de ces notions innées, dont ressort l'harmonie.

Le magnétisme du point de vue radiesthologique

a) le magnétisme vital ou animal: magnétisme de la matière, son transfert d'énergie, d'un individu sain à un autre, soulage.
b) le magnétisme subtil: véhiculé par le mental, son transfert est opéré grâce à la méditation et à la concentration.

Parce que la radiesthologie, qui a pour but de détecter les énergies, est étroitement liée au magnétisme qui s'en sert, il faut savoir que les facteurs de détermination et d'accroissement du potentiel magnétique sont:
– la connaissance et l'usage des énergies vitales;
– l'alimentation et l'hygiène physique;
– l'hygiène et la programmation mentales;
– le degré d'amour universel.

Détection à l'aide du pendule
Ouvrez vers le haut la paume de votre main gauche. Si le pendule tourne à gauche, vous pouvez commencer. En observant ses réactions, faites fort lentement le tour de la pièce que vous traversez ensuite en diagonale. Les girations allant dans le sens inverse des aiguilles d'une montre indiquent les zones anti-vie.

C'est pourquoi, vous réserverez à votre lit un endroit où le pendule tourne résolument à droite plutôt que d'osciller comme en zone neutre. Renouvelez l'expérience dans les chambres de vos proches: vous constaterez que les lits irradiés sont à ceux qui se plaignent de fatigue chronique ou d'affections diverses.

Expertisez tout votre logis et contentez-vous de marquer à la craie les zones perturbées, sans vous préoccuper de leur origine.

Détection à l'aide des antennes géodynamiques
Elles servent à détecter non seulement les radiations telluriques dont la nuisance a pour origine des caractéristiques géologiques, naturelles ou pas, mais aussi les fluides nocifs qui émanent de personnes, de lieux et de constructions.

Prenez deux tiges en laiton, de trois millimètres de diamètre, que vous pliez en forme de L aux deux tiers de leur longueur de quarante-cinq centimètres.

Avant chaque séance de travail, vous les passez sous l'eau courante, pendant une minute, afin de les décharger. Bien que leur usage repose également sur le principe de l'équilibre, la technique diffère de celle, précédemment décrite, des antennes de cuivre.

Vous tenez verticalement les antennes géodynamiques par leur branche la plus courte. Comme les mains, que vous gardez à hauteur de la poitrine, sont distantes l'une de l'autre d'environ soixante-cinq centimètres, il n'en manque que cinq pour que se rejoignent les extrémités supérieures des antennes où aboutit le flux énergétique de l'opérateur.

Ce procédé présente la particularité de ne nécessiter aucune convention mentale. Les antennes s'ouvrent vers l'avant dès qu'on pénètre dans une zone perturbée; elles se referment sitôt retrouvée une zone saine. Que les pôles négatif et positif situés aux extrémités supérieures des antennes restent opposés signifie que les forces cosmo-telluriques s'équilibrent parfaitement.

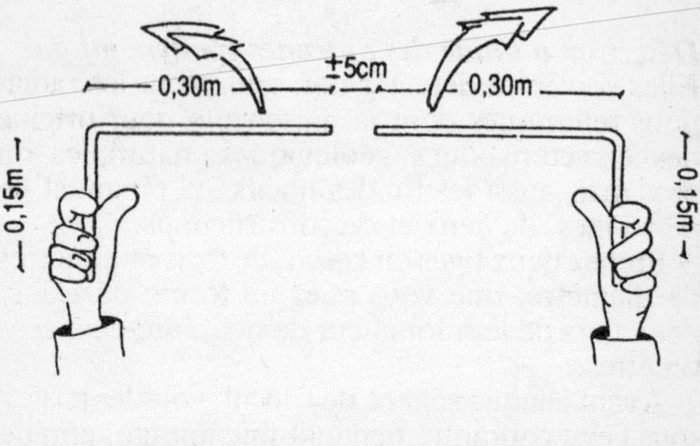

Les antennes réagissent, selon l'amplitude des vibrations de l'opérateur, à celles qui nuisent à la santé et au développement de la vie. Tenues à pleines mains, leur faculté de mouvement doit être ménagée. On pourra s'exercer en mesurant la distance qu'il convient de garder devant un écran de télévision, en constatant la nocivité des circuits électriques, des prises de courant et des lampes de chevet notamment. A l'aide, successivement, du pendule et des antennes, on s'exercera à localiser les ondes de forme que produit la coupure par un meuble d'un angle mural.

On repérera de même les nœuds de Hartmann où il ne faut pas mettre la tête de son lit, sous peine d'endurer à la longue des maux pires que la céphalée.

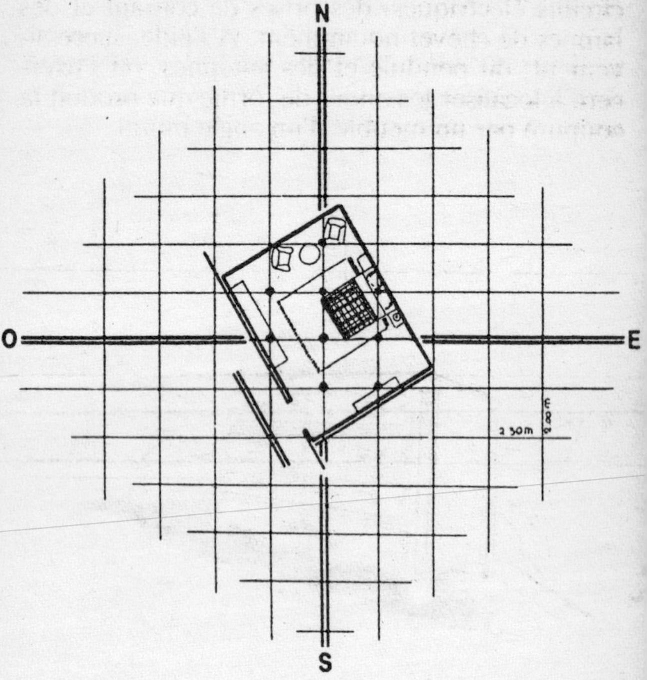
N
O
E
S
2 30m
2 80m

La planche magnétique

Les polarités négative du sol et positive de l'air affectent constamment l'homme. Une thérapeutique ancestrale voulait qu'on marche pieds nus dans la rosée du matin afin de s'harmoniser avec les forces de la nature et de bénéficier des énergies terrestres diffusées au soleil levant. Une exposition quotidienne de deux minutes sur la planche magnétique équivaudra à une heure de marche dans la rosée. Le rééquilibrage entre les échanges énergétiques et l'élimination de votre électricité statique vous libéreront de vos tensions.

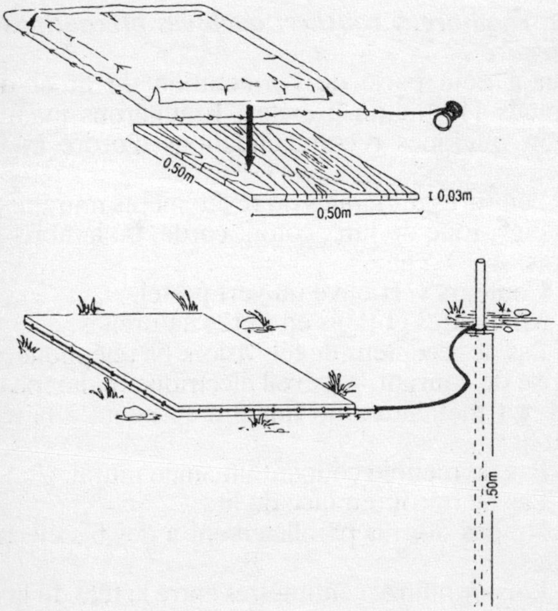

A un endroit reconnu sain grâce aux méthodes décrites précédemment, vous enfoncez dans le sol un pieu métallique servant de prise de terre spécifique et auquel on raccorde le fil électrique de six millimètres carrés, uniquement dénudé sur les deux mètres de tranche du panneau d'aggloméré où des clous en U l'ont fixé. De cinquante centimètres de côté, de trois centimètres d'épaisseur, ce dernier aura été, au préalable, soigneusement enveloppé dans du papier d'aluminium.

Ne se servir de la plaque ni avant ni pendant un orage et ne dépasser, sous aucun prétexte, la durée d'exposition indiquée.

La chambre à coucher: quelques précautions à prendre

On a déjà parlé de l'orientation du lit et des nœuds Hartmann à éviter. Enumérons maintenant quelques recommandations d'ordre matériel.

– Peintures minérales ou revêtements muraux en papier, toile de jute, coton, corde, ou lambris en bois.
– Couleurs vert olive ou vert pastel.
– Moquettes et tapis en fibres naturelles.
– Pas de récepteur de télévision. Ni téléphone, ni prise de courant, ni réveil électrique, ni lampe de chevet métallique, ni lumière au néon, à la tête du lit.
– Pas de meuble coupant un angle mural.
– Pas de miroir en face du lit.
– Ne pas dormir parallèlement à des fils électriques.
– Laisser quinze centimètres entre la tête du lit et le mur.
– Préférer les matelas en crin, laine ou latex à

ceux avec ressorts ou en mousse. Ces derniers conservent l'électricité statique et empêchent la respiration du corps dont ils captent les fluides pour s'en imprégner.
– Utiliser des oreillers et des édredons de duvet ou de plume, du linge de nuit en fibres naturelles comme le coton.

Pour mieux se pénétrer du magnétisme cosmo-tellurique

On sait donc que se pénétrer du magnétisme cosmo-tellurique nous recharge en énergie. Il convient, pour ce faire, d'obtenir la paix intérieure en communiant par les sens avec la nature. Reconnaissez-la sous tous ses aspects et laissez-vous envahir par son charme. Afin de bénéficier au mieux du contact avec le sol, allongez-vous ensuite sur une couverture. La durée de la position n'excédera pas quinze minutes, du moins les premières fois.

A présent, debout, face au nord et la colonne vertébrale bien droite, répétez trois fois l'exercice suivant. Vous décontractez la cage thoracique. Les doigts des mains entrecroisés, paumes tournées vers l'extérieur, vous tendez les bras vers l'avant et les amenez au-dessus de la tête en inspirant profondément. Vous les tendez alors vers l'arrière, puis relâchez la tension en les baissant et en expirant.

Vous reprendrez enfin la position allongée, tête au nord. Décontractez les muscles du cou et des épaules en même temps que la tension des abdominaux aidera à expirer fortement.

Cette technique contribue, comme les autres, à élever notre taux vibratoire, préalable nécessaire à la mise en œuvre de la loi magnétique d'attraction des semblables, à la mise en contact avec les êtres qui mènent à la connaissance. Prenons l'exemple de gens qui lisent et relisent des ouvrages d'initiation sans en obtenir les avantages que la croissance de leur taux vibratoire augmenterait d'autant.

Le Louksor et la bague atlante

Le caractère général de notre ouvrage empêche de traiter de l'étude des ondes de forme. Disons seulement que, parmi les appareils formellement conçus dans le but de neutraliser les ondes nocives et le courant électrique, celui de forme Louksor connaît la plus grande faveur. A noter la section carrée des neuf rectangles et des deux triangles. Le relief de ces derniers penche doucement vers les pointes. Mis à plat, le dispositif n'a qu'une efficacité limitée à quelques mètres: insuffisant à compenser la force des ondes nocives, il se sature et en émet à son tour. C'est pourquoi, un motif pyramidal a été ajouté à chacune de ses extrémités, qui décuple son champ d'action.

Remarquons que si, pour des raisons de commodité, ces motifs peuvent n'être que rapportés, les rectangles et les triangles doivent absolument être taillés dans la masse et dans le fil du bois.

La nécessaire orientation de l'appareil vers le nord magnétique sera vérifiée par les réactions positives que le pendule manifestera à l'extrémité de l'embout et à la pointe du triangle qui précède.

La forme Louksor se satisfait pleinement d'elle-même lorsqu'elle orne une bague dont le modèle, en vieux grès d'Assouan, fut découvert, il y a plus de cinquante ans, dans la vallée des Rois. Son port épargna l'égyptologue Howard Carter de la mortelle malédiction à laquelle le viol de la sépulture de Toutânkhamon avait condamné ses compagnons... La bague atlante est réputée créer une zone protectrice autour de son utilisateur, guérir et développer l'intuition.

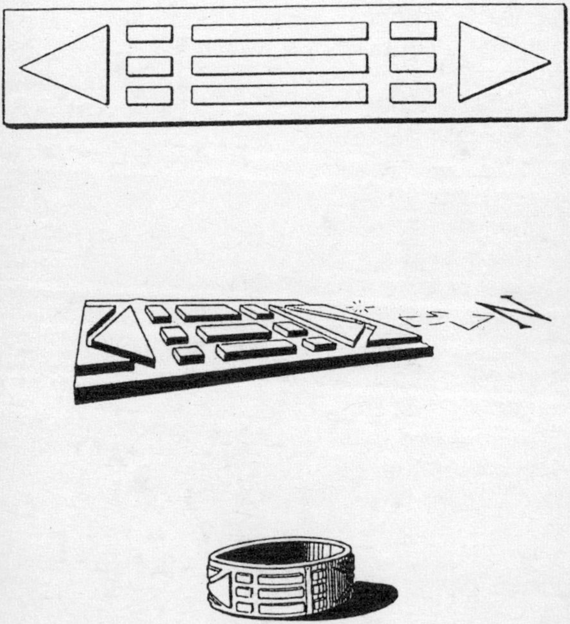

Haut: forme Louksor en perspective plane.
Milieu: neutralisateur d'ondes nocives de forme Louksor améliorée.
Bas: la bague atlante qui, mise à plat, neutralise les ondes novices.

EN GUISE DE CONCLUSION: DES PHÉNOMÈNES PARANORMAUX EN GÉNÉRAL ET DE L'AURA EN PARTICULIER

LES REVENANCES

Dans certaines maisons, il se passe des phénomènes physiques sans cause apparente: des objets qui se déplacent tout seuls, des bruits insolites, des fantômes qui apparaissent… Les scientifiques allemands, particulièrement avertis de ces faits paranormaux, les ont désignés par le vocable "*Poltergeist*" dérivé de "Geist" (esprit, fantôme) et de "poltern" (faire du bruit).

La vaisselle est projetée et brisée, les draps violemment arrachés des lits qui sont renversés, les portes et les fenêtres ouvertes et refermées, les sonnettes bruyamment actionnées, même en cas de coupure des fils électriques. Il arrive que des pierres soient jetées, décrivant une trajectoire anormale qui atteint un point tout à fait précis, comme si une main invisible les y avait menées.

Les bruits perçus vont du craquement au vacarme assourdissant et peuvent évoquer la chute d'un meuble ou d'une pièce de vaisselle, la fermeture d'une porte ou d'une fenêtre, un traînement de chaînes, une scie coupant du bois, des pas furtifs même. Il arrive que des témoins entendent ou croient entendre des murmures, des gémissements, des sanglots, des voix humaines, des chants, des concerts musicaux. Car, suivant que ces bruits sont objectifs ou subjectifs, leur production est liée ou non à une cause physique, mécanique. Ainsi, le bruit d'une porte qui s'ouvre ou se ferme peut accompagner le mouvement effectif. Mais il est des bruits de vaisselle qui se brise alors qu'elle reste intacte.

Les fantômes apparaissent toujours, semble-t-il, sous une forme humaine, loin d'être spectrale et de revêtir un linceul blanc. Ils portent un costume du temps où ils vivaient et se présentent sous un aspect si réel qu'on les croirait vivants. Certaines fois, ils sont encore distinctement aperçus malgré leur transparence ou ne sont plus que des ombres humaines. Souvent, ils s'évanouissent sur place, en vapeur. Ou ils marchent ou ils glissent, comme suspendus en l'air.

Ils se manifestent généralement pendant plusieurs années, à intervalles longs, par intermittence ou à date fixe, sinon pendant quelques mois ou quelques jours seulement. Les précède souvent la sensation d'une présence qui saisit le percipient amené à se tourner vers le lieu d'apparition. Un souffle glacé émane des esprits s'ils s'approchent et, s'ils tentent d'entrer en contact avec les vivants par la parole et par les gestes, c'est en vain car ceux-ci, médiums exceptés, ne peuvent ni les entendre ni les comprendre.

On peut enfin citer, parmi d'autres phénomènes anormaux, des lueurs diffuses, des sensations de froid glacial, de poids ou de pression sur quelque partie du corps, des contacts désagréables, des odeurs nauséabondes ou, au contraire, de subtils parfums de fleurs.

Cause des hantises

La plupart des hantises ont une cause objective; elles sont accompagnées de faits matériels indubitables. Quant aux autres, beaucoup de spirites considèrent qu'elles révèlent la présence, dans la maison, d'un défunt revenu témoigner de sa survivance. Comment?

Selon eux, l'homme serait formé de trois éléments: le corps physique qui, après sa mort, se décompose et retourne au monde matériel; l'âme ou l'esprit, source de la conscience, de l'intelligence et de la volonté, qui est immortel; le *périsprit* ou corps spirituel, vital et énergétique, participant du fluide universel et dont la constitution se situe à mi-chemin entre la matière proprement dite et l'esprit.

Lien entre le corps et l'esprit, le périsprit est fait à l'image du premier et lié à son apparence. C'est pourquoi, l'aura, qui est la vision obtenue du périsprit, porte la trace des souffrances de la chair. A la mort de celle-ci, il l'abandonne pour lui survivre plus ou moins longtemps, servant d'enveloppe et d'instrument à l'esprit. Le périsprit est de plus en plus fluidifié, jusqu'à disparaître à mesure que l'âme ou l'esprit progresse vers la pureté, dans le cours des vies successives. C'est donc par son intermédiaire que le défunt se manifesterait physiquement. Les phénomènes recensés dans les maisons hantées ne feraient que traduire son inquiétude ou son repentir qu'un interrogatoire aimable et patient sur ce qui l'agite finit par apaiser. Se conformer à sa demande entraîne généralement la fin de son expression.

La **désincarnation**
encore appelée **décorporation**

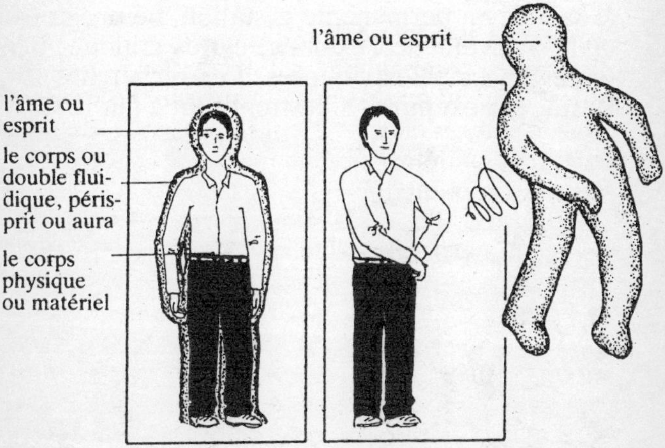

Certains spirites, cependant, nient que le périsprit se matérialise de son propre mouvement. Ils voient dans les hantises la transmission, par des âmes en errance, d'impulsions télépathiques que des médiums, intermédiaires obligés, rendent perceptibles par transfert d'énergie vitale.

On sait que, au nom du rationalisme, la science officielle réfute globalement les phénomènes qualifiés de "paranormaux". Et pourtant! Tout esprit de système mis à part, que penser de la lévitation, de l'action à distance sur les objets, de la prémonition ou divination, assez couramment attestée, de ces brusques impressions de déjà vécu, réminiscences intemporelles qu'on assimile à des hallucinations?

Considérons l'ampleur de nos potentialités

qu'il reste à découvrir, développer, expliquer, car l'histoire enseigne que ce qui est tenu pour faux, aujourd'hui, sera peut-être reconnu demain. Or, le savoir, en permanente gestation, ne progresse qu'à la faveur de l'examen, certes critique, des témoignages et expériences. Les recherches sur l'aura, par exemple, l'illustrent tout à fait[(1)].

[(1)] Lire David TANSLEY, *Aura: le corps de lumière*, Albin Michel, 1987.

L'AURA

Historique

1) Le docteur Walter Kilner, chef du service d'électrothérapie à l'hôpital Saint-Thomas de Londres, voulait explorer le domaine de l'aura à propos de laquelle il connaissait les thèses théosophiques.

Utilisant, dès 1908, des écrans dont le filtre sensibilise l'œil à des vibrations normalement imperceptibles, il put observer l'aura de ses patients et, en 1911, publia ses conclusions dans *L'Atmosphère humaine*. Il y déclarait notamment que l'aura a des composantes internes et externes qui se modifient en cas de maladie. Les phénomènes observés, physiques à l'évidence, n'avaient rien d'occulte.

Des chercheurs en médecine, aux Etats-Unis surtout, intègrent désormais à leurs diagnostics leurs observations sur les champs auriques éventuellement perçus avec l'assistance de personnes clairvoyantes. Les altérations remarquées de l'aura et des chakras sont bien en relation avec les maladies notées dans les dossiers médicaux. Mieux, les voyants détectent souvent à l'écran les évolutions pathologiques, préalablement à leurs manifestations physiologiques.

2) Un jour de 1939, Semyon Kirlian, jeune ingénieur en électricité, est appelé dans un centre de recherche russe, afin d'y réparer un appareil d'électrothérapie. Au passage fortuit de sa main près d'une électrode, il ressent une légère dé-

charge électrique et perçoit une étincelle en forme d'éclair. Surpris, il a l'idée de glisser une plaque photographique entre sa main et l'étincelle. Au développement, les doigts sont entourés d'un fort halo de lumière constellée de points et d'éclairs. Il va obtenir le même résultat à chaque renouvellement de l'expérience qui ne donne rien, par contre, appliquée à des objets inanimés.

Il crée alors des champs électriques à haute fréquence et, bientôt assisté par son épouse, se spécialise dans la photographie sous haute tension. Le dispositif consiste simplement en une bobine Tesla reliée à une plaque métallique et qu'une plaque spéciale isole du sujet. Entre celui-ci et l'appareil, on place une feuille de papier sensible à la lumière. Il ressort de l'ensemble des photos, qu'une aura d'intensité variable se dégage particulièrement du corps animal, soumis en tout ou en partie au champ électrique.

Or, la photographie sous tension a également permis de capter l'aura végétale. Selon qu'elle émane d'une feuille provenant d'un arbre soit sain soit malade, la couronne est à la fois fort nette et colorée dans un cas, reste floue dans l'autre, disparaît en cas de mort. On en a déduit que la même relation de cause à effet entre les états de santé et les différentes luminosités colorées s'appliquait au monde animal et à l'homme.

Appliqué à un morceau de feuille fraîchement coupée, ce type de photographie montre une aura de feuille entière, avec des contours et des illuminations identiques. Voilà comment on peut concevoir la sensation, éprouvée par les amputés, de l'existence et de l'endolorissement d'un membre disparu. Pourquoi ne pas y trouver l'explication à la perception que les médiums ont de l'aura? Que biophysiciens et biochimistes parlent à propos de l'aura de "corps énergétique", de "corps de plasma biologique", de "constellation élémentaire de type plasma, faite de particules ionisées", y encourage quand on sait qu'un plasma est un gaz dont les atomes sont si parfaitement ionisés que tous les électrons ont quitté leur noyau.

En tout cas, la recherche soviétique tend à confirmer que l'aura diminue ou s'accentue suivant l'humeur et l'état de santé du sujet, que les interférences apparues dans le champ comme des irrégularités permettent de déceler et de prévoir n'importe quelle maladie. Ainsi en fut-il de l'enfant qui souffrait d'incompréhensibles maux de ventre et dont la photographie de l'abdomen révéla une aura typique de la scarlatine: l'apparition des boutons caractéristiques de la maladie, en ayant rapidement suivi l'administration du traitement, confirmait le diagnostic.

L'effet Kirlian distingue notamment entre les différentes névroses et leur degré d'évolution. On sait qu'à l'hémisphère gauche du cerveau, siège des fonctions logiques, correspond la main droite et inversement quant à l'intuition créative. Et bien! le procédé renseigne aussi sur le niveau de développement de l'une et de l'autre de ces facultés: l'équilibre entre les couronnes de chaque main indiquera, chez un même individu, des aptitudes sensiblement égales.

On a découvert que le cancer structure pareillement les couronnes obtenues sur des humains, sur des queues de rats ou même des feuilles atteintes de semblable prolifération cellulaire. De là, l'espoir que la fréquence des effets pratiqués aidera à prévoir la maladie comme, déjà maintenant, les accidents de germination qui touchent les blés exposés notamment à la chaleur et au gel.

Que l'étude des auras accompagne utilement l'acupuncture et l'homéopathie, l'anecdote suivante l'illustre. Un chirurgien de Léningrad, venu chez les Kirlian, observe que les flamboiements de ses mains soumises à leur procédé, ne rappellent aucun type de concentration nerveuse classique. Dès son retour, il leur envoie une carte d'acupuncture, où figurent les sept cents zones-clés de la peau, lesquelles correspondent à peu près aux points qu'ils ont relevés comme étant les plus lumineux...

Quoi qu'il en soit des diverses interprétations du phénomène, les voyants y trouvent la confirmation de l'existence du "corps astral" qui projette, dans sa complexité, l'ensemble des composantes, tant physiques que psychiques et même spirituelles, de la personnalité.

Perception de l'aura

Vous êtes dans une pièce emplie de pénombre. Invitez la personne avec qui vous avez convenu de l'expérience à s'écarter de vous, de quatre mètres, de sorte qu'elle vous apparaisse sur un fond clair constitué par un écran, une tapisserie ou un mur, encore qu'un fond obscur puisse mieux vous réussir.

Fixez, sans forcer, votre regard sur sa tête, tout en le laissant se porter vers l'infini. Evitez de clore les paupières et attendez. Au bout de quelques secondes, vous distinguerez un halo de brouillard légèrement coloré, large de vingt à trente centimètres, qui enveloppe la silhouette et, plus près d'elle, un autre peut-être, mais plus petit et plus brillant.

Interprétation des auras

Elle reste aléatoire car il y a une marge entre le fait de voir simplement une brume autour d'un corps et celui de reconnaître distinctement une couleur. Tout corps électrisé a assurément son aura qui, lorsqu'elle est active, forme un champ magnétique. C'est d'ailleurs pourquoi elle est appelée aussi "magnétisme". Mais, les cellules qui composent le corps humain et le corps humain lui-même sont entourés d'une aura qui peut être rendue soit active, irradiante d'énergie magnétique, soit passive ou réceptive et même répulsive. C'est en effet la pensée humaine qui, contrôlant l'énergie électrique du corps, procède essentiellement à son excitation, élevant l'aura à son potentiel maximum ou la retenant plus ou moins. De là, les différents degrés de manifestation de l'aura, selon les individus et selon les moments.

Ceci étant, la fréquence vibratoire de l'énergie contenue dans notre champ électrique ou magnétique y détermine la couleur et son intensité. Et cette énergie dépend de notre évolution psychique pendant laquelle l'aura change, passant, dans les états les plus avancés, du violet très vif au blanc très pur.

Entre autres illustrations de l'influence également exercée sur l'énergie par les forces vitales du corps, il y a le même doigt qui, photographié par Kirlian à quatre moments de la journée (après le petit déjeuner, avant le déjeuner, après un déjeuner frugal et avant le repas du soir), présente une aura en constante diminution.

Apprenez à reconnaître les auras, à identifier ensuite, toujours plus précisément, leurs facteurs de caractérisation. Vous testerez, par exemple, la vraisemblance de ces relations simples:

– rouge sombre – colère, sensualité;
– violet foncé – déficience du système nerveux;
– bleu clair – fatigue, sénilité;
– noir – tristesse, neurasthénie;
– gris – dépression;
– blanc – force, vitalité.

Essayez! Les progrès de l'exaltante découverte récompensent toujours la persévérance dans l'entreprise.

TABLE DES MATIÈRES

Au catalogue Marabout

Astrologie Sciences occultes

ABC de l'astrologie (L') De Caumon Paoli D .... GM 0026 [04]

Les signes du zodiaque

Connaissez-vous par votre signe astral,
De Gravelaine J. .... MS 1400 [04]

Esotérisme/Divination

ABC de la numérologie,
Fermier J.D. .... GM 0127 [07]
ABC de l'hypnose, Barone E. & Mandorla J. [avr.] .... GM 0141 [N]
ABC des couleurs, Beresniak D. .... GM 0129 [07]
ABC des tarots, Silvestre C.H. .... GM 0044 [06]
ABC du magnétisme, Mandorla J. .... GM 0126 [07]
Auto-hypnose (L'), Curcio M. .... MS 1433 [07]
Cartomancie (GM de la), Maisonblanche F. .... GM 0019 [07]
Dictionnaire des mythes, Julien N. [juin] .... MS 1427 [N]
Dictionnaire des symboles, Julien N. .... MS 1429 [12]
Franc-maçonnerie, initiation (La), Pacout N. .... MS 1436 [07]
Livre des oracles (Le), Blau D. .... MS 1435 [07]
Morts ont donné signes de vie (Les), Prieur J. .... MS 1437 [09]
Parapsychologie de A à Z (La), Curcio M. .... MS 1430 [09]
Talismans et leurs secrets (Les), Julien N. .... MS 1434 [07]
Votre avenir par les tarots, Sciuto G. .... MS 1401 [06]
Vous êtes médium, Aurive M. .... MS 1431 [07]

Psychologie

Psychologie / Psychanalyse

Comprendre les femmes, Daco P. .... MS 0001 [09]
Dictionnaire des rêves, Uyttenhove L .... GM 0046 [06]
Interprétation des rêves (L'), Daco P. .... MS 0002 [07]
Prodigieuses victoires de la psychologie (Les), Daco P. .. MS 0015 [09]
Psychanalyse (La), Azouri Ch. [mars] .... FL 0045 [07]
Psychologie et liberté intérieure, Daco P. .... MS 0004 [09]
Rêve (Le), Von der Weid J.N. .... FL 0044 [07]
Triomphes de la psychanalyse (Les), Daco P. .... MS 0029 [09]
Une psychanalyse pour quoi faire ?, Moscowitz J.J. & Grancher M. .... MS 0008 [06]
Voies étonnantes de la nouvelle psychologie (Les), Daco P. .... MS 0003 [09]
Vos secrets intimes, Dr Houri Ch. .... MS 0021 [09]

Psychologie et personnalité

ABC de la parole facile, Bower S.A. .... GM 0128 [06]
Analyse transactionnelle (L'), De Lassus R. .... MS 0035 [09]
Art d'engager la conversation et de se faire des amis (L'), Gabor D. .... GM 0104 [06]
Communication efficace par la PNL (La), De Lassus R. [mai] .... MS 0010 [N]
Connaissez-vous par votre écriture, Uyttenhove L. ..... GM 0052 [07]
Développez votre créativité, Bacus A. & Romain Ch. ... MS 0043 [07]
Développez votre intelligence, Azzopardi G. .... MS 0024 [09]
Du bon usage du nouvel âge, Demornex J. .... MS 2000 [06]
Etrangers intimes (Des), Rubin L. .... MS 0034 [07]
Expression orale (L'), Colonna d'Istria R. .... FL 0039 [07]
Femmes qu'ils aiment, les femmes qu'ils quittent (Les), Dr C. Cowan & Dr M. Kinder .... MS 0033 [07]
Force de l'esprit (La), Groupe Diagram .... MS 2001 [12]
Il (ou elle) boit, que faire ? Pacout N. .... MS 0030 [07]
Langage des gestes (Le), Pacout N. .... GM 0124 [07]
Méthode Coué (La), ... MS 0028 [07]
Oser être soi-même, De Lassus R. [fév.] .... MS 2002 [N]
Parler en public, Pacout N. .... GM 0095 [07]
Partez gagnant, Hopkins T. [mars] .... MS 2003 [N]
Qui êtes-vous ? Groupe Diagram .... MS 0005 [12]
Qui étiez-vous ? Groupe Diagram .... MS 0006 [12]
Relaxation (La), Césari C. .... FL 0055 [07]
Se faire des amis, Wasmer A. [avr.] .... MS 2005 [N]

Tests

Je teste ma logique, Klausnitzer J.E. [mai] .... GM 0143 [N]
Je teste mon intelligence, Klausnitzer J.E. [avr.] .... GM 0142 [N]
Mesurez votre Q.I., Azzopardi G. .... GM 0102 [06]
Réussissez les tests d'intelligence, Azzopardi G. .... MS 0023 [07]
15 tests pour connaître les autres, Gauquelin M. & F. . . GM 0015 [06]
Testez votre quotient intellectuel, Berloquin P. .... MS 0038 [06]
Tests psychologiques (Les), Cesari C. .... FL 0014 [07]
20 tests pour se connaître, Gauquelin M & F. .... GM 0020 [06]

Santé - Forme

ABC de la diététique (L'), Dr Peeters E.G. .... GM 0041 [07]
Boulimie et anorexie, Pacout N. .... MS 1551 [07]
150 meilleures recettes pour diabétiques, Lesourd C. GM 0034 [06]
Changer d'alimentation, Pr H. Joyeux .... MS 1555 [07]
Clés du bon sommeil (Les), Pacout N. .... GM 0116 [06]
Dépression (La), Morand de Jouffrey P. .... FL 0056 [07]
Dico-guide de l'homéopathie, Dr Bourgarit R. .... GM 0030 [09]
Dictionnaire familial d'homéopathie, Dr Maury E.A. .... MS 1553 [07]
Guide anti-stress, Dr J. Renaud .... GM 0121 [07]
Guide des examens médicaux,
Dr D. Labayle & C. Radiguet .... MS 1612 [07]
Guide des massages bien-être, Julien N. .... GM 0113 [07]
Guide des premiers soins, Pacout N. GM 0106 [04]
Gym au quotidien (La), Laty D. .... GM 0119 [07]
Livre de bord de la femme (Le), Delahaye M.C. [mai] ... MS 1624 [N]
Livre de bord de la future maman (Le), Delahaye M.C. MS 1604 [09]
Livre de bord de la future maman (Le),
Edition cartonnée, Delahaye M.C. .... HC 140FF
Maigrir, Mallet J.B. .... MS 1554 [09]
Maigrir avec les hautes calories, Leconte M. .... MS 0584 [06]
Maigrir en 3 mois, Dr Bargheon J. [avr] .... MS 1559 [N]
Manger juste (Le), Hubert A. [mai] .... MS 1558 [N]
Oligo-éléments (Les), Dr Moatti R. .... GM 0035 [06]
Régime F comme fibres (Le), Eyton A. .... MS 0624 [04]
Scarsdale, le régime médical infaillible,
Drs Tarnower H. & Baker S.S. .... MS 1556 [06]
Soignez votre enfant par l'homéopathie,
Dr Bourgarit R. .... MS 1567 [06]
Soignez-vous à la chinoise, Dr Grigorieff G. .... MS 0768 [07]
Soignez-vous par la chiropraxie, Monvoisin J.-Ph. .... MS 1557 [07]
Soignez-vous par le vin, Dr Maury E. .... MS 1552 [07]
Yoga des yeux (Le), Darst Corbett M. .... GM 0023 [07]

Sexualité

100 questions sur le sexe le plus souvent posées par
les adolescents, Dr Hermann .... MS 1618 [04]
Comment faire l'amour à un homme, Penney A. .... GM 0079 [06]
Comment faire l'amour à une femme, Morgenstern M. GM 0081 [06]
Comment bien faire l'amour ensemble, Penney A. ...... GM 0136 [06]
Cycles de la femme (Les), Dr A. Tamborini .... MS 1608 [09]
Dictionnaire pratique de la sexualité, Dr Y. Moigno ..... MS 1615 [12]
Femme et son plaisir (La), Dr Gilbert Tordjman .... MS 1619 [09]
Initiation sexuelle, Arnaud M. .... FL 0023 [07]
Kama-Soutra (Le), [juin] .... MS 1625 [N]
Sexe de la femme (Le), Zwang G. .... MS 1609 [09]
Sexualité féminine (La), Tauval L. .... FL 0030 [07]
Sexe, manuel pratique illustré (Le), Groupe Diagram .. GM 0017 [09]

Vie quotidienne

ABC de la comptabilité, Batsch L. .... GM 0122 [09]
ABC de la dactylographie, Le Bras F. .... GM 0130 [07]
Ainsi vivaient nos ancêtres, Beaucarnot J.L. .... MS 1312 [09]
Argot (L'), Payet L. [fév.] .... FL 0054 [07]
Bourse (La), Jablanczy A. .... FL 0052 [07]
100 clés pour bien écrire et rédiger, Gourmelin M.J. ... GM 0112 [07]
150 questions à mon notaire, Reillier L. .... GM 0021 [07]
125 modèles de lettres d'amour, Maury P. .... GM 0090 [06]
Code Civil belge 1992 [mars] .... [N]
Comment acquérir une super-mémoire, Dr Renaud J. GM 0091 [07]
Correspondance (La), d'Assailly G. .... MS 0311 [04]
200 modèles de lettres, Maury P. .... GM 0016 [07]
200 questions à mon avocat, Blouin M.M. & Lalanne F. MS 1338 [07]
Dictionnaire de votre argent (Le), Cadart N. .... HC 120FF
Dictionnaire Marabout des trucs (Le), Fronty L. .... MS 1317 [07]
Encyclopédie de poche illustrée, ... MS 1335 [09]
Guide de l'héritage, Le Bras F. .... MS 1324 [07]
Guide de vos démarches (Le), Le Bras F. .... MS 1337 [09]
Guide des assurances personnelles, Cadart N. .... HC 119FF
Guide des copropriétaires (Le), Ritschy M.F. .... MS 1327 [07]
Guide du bon conducteur (Le), Puiboube D. .... MS 0789 [09]
Guide du courrier facile (Le), Ovtcharenko C. .... MS 1336 [12]
Livre d'or des noms de famille (Le), Gonzalez P.G. .... HC 124FF
Précis de savoir-vivre, Menard M. .... FL 0047 [07]
Prénoms, un choix pour l'avenir (Les),
Mercier C. & Daco P. .... MS 0369 [09]
Règles d'or du secrétariat personnel (Les), Lange E. GM 0005 [07]
Savoir-vivre (Le), d'Assailly G. & Baudry J. .... MS 1310 [06]
Savoir-vivre aujourd'hui (Le), Pacout N. .... GM 0087 [06]
Vivre la République, Guédon J.F & Gourmelin M.J. ..... MS 1326 [07]
Vos droits de salarié, Ovtcharenko C. [mai] .... MS 1313 [N]
Vraie vie des prénoms (La), Corinthe P. .... GM 0037 [09]

IMPRESSION : BUSSIÈRE S.A., SAINT-AMAND (CHER). — N° 1772
D. L. JUIN 1992/0099/217

ISBN 2-501-01250-X

Imprimé en France